머리말

New 다이나믹 일본어 Step1-2는 일본어를 처음으로 공부하는 분, 또는 다시 일본어를 시작하려는 분들을 대상으로 만든 초급 학습서입니다. 학습 과정은 일본어의 문자와 발음을 시작으로 기본 문형과 어휘를 익히고, 이를 바탕으로 기초적인 일본어를 읽고 이해할 수 있는 능력을 기르게 됩니다.

외국어 학습은 마치 계단을 오르는 것과 같습니다. 한 단계 한 단계 꾸준히 오르다 보면 어느새 이만큼 올라서 있는 나를 보게 됩니다. 물론 도중에 좌절을 겪기도 하고 쉬기도 하겠지만 어느 정도 꾸준히 이어가다 보면 자신이 원하던 목적지에 도착하게 됩니다. 목적지에 서서 오른 길을 바라보면 그 높이에 놀라게 되지요. 일본어 공부도 마찬가지입니다. 꾸준히 하다보면 자신도 모르게 일본어가 들리기 시작하고 일본인과 대화를 하고 있는 자신을 발견하게 됩니다.

이 교재는 여러분 각자가 목적지를 향해 한 발 한 발 꾸준히 다가갈 수 있도록 학습내용을 보다 쉽고 보다 재미있게 만들었습니다. 특히 이번 개정판은 다음과 같은 특징이 있습니다.

1. 일본어 기초 문형 및 어휘를 기준으로 구성하여 학습 후 일본어능력시험 N5, N4의 실력을 쌓을 수 있도록 하였습니다.
2. 본문 회화를 두 유형으로 짧게 구성하여 집중력을 강화시켰습니다.
3. 많은 연습문제를 통하여 표현력이 향상될 수 있도록 하였습니다.
4. 유사한 문형을 여러 과에 분산 · 구성함으로써 불필요한 학습 부담과 혼동을 최소화 하였습니다.
5. 둘러보기를 통해 일본에서 자주 쓰이는 어휘와 주요 표현을 익혀, 일본인의 언어습관과 문화를 좀 더 자세히 이해할 수 있도록 하였습니다.

부디 이 교재를 잘 활용하여 일본어 실력과 함께 일본문화에 대한 넓은 시야를 길러 장차 한일 교류의 주역이 될 수 있기를 기대합니다.

마지막으로 이 교재가 나오기까지 도움을 주신 (주)다락원 정규도 사장님과 일본어출판부 편집자 분들께 감사의 말씀을 드립니다.

저자 일동

이 책의 구성과 특징

1. 본 책은 『NEW 다이나믹 일본어 시리즈』의 제2단계 교재로, 일본어 기초 문법, 회화를 학습하는 초급 교재입니다.

2. 전체 구성은 1과~16과로, 일본어 입문자들이 알아야 할 기초 문법과 문형으로 구성된 회화를 학습하는 내용으로 되어 있습니다.

3. 각 과는 학습 포인트, 회화(1, 2), 새로 나온 단어, 문법 알기, 구문 연습, 회화 연습, 둘러보기로 구성되어 있습니다.

4. 회화 1, 회화 2, 회화 연습의 MP3 파일을 제공합니다. 다락원 홈페이지에서 다운로드 받으실 수 있습니다.

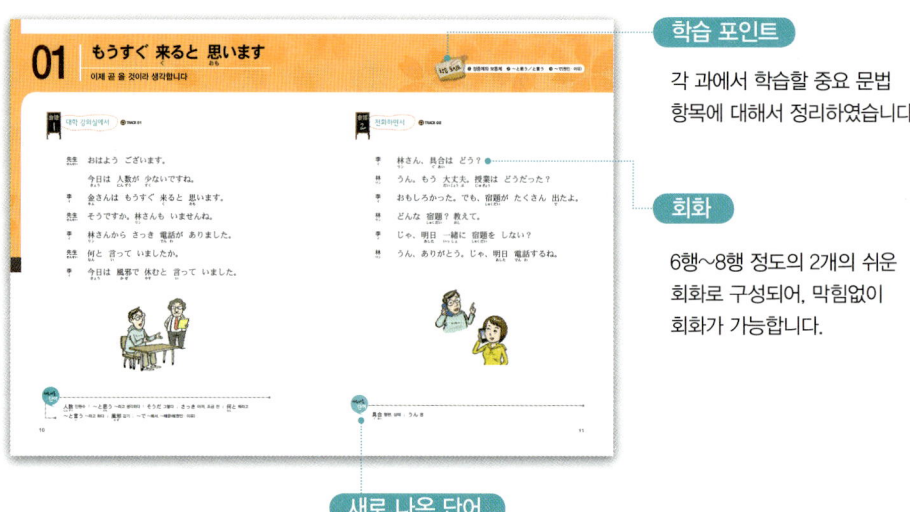

학습 포인트
각 과에서 학습할 중요 문법 항목에 대해서 정리하였습니다.

회화
6행~8행 정도의 2개의 쉬운 회화로 구성되어, 막힘없이 회화가 가능합니다.

새로 나온 단어
각 파트에서 나오는 새로운 단어를 정리하였습니다. 새로운 단어는 한 과에서 총 30개 내외로 한정하여, 단어의 반복 학습이 이루어지게 하였습니다.

문법 알기

본문에 나오는 중요 문법이나 문형 등의 포인트를 잡아, 쉽고 다양한 예문과 함께 정리하였습니다.

연습문제

구문 연습과 회화 연습으로 나눠, 본문 회화와 문법 알기에서 학습한 문법이나 문형을 다양한 어휘를 활용하여 연습할 수 있습니다. 구문 연습에서는 쓰는 연습, 회화 연습에서는 말하는 연습을 할 수 있습니다.

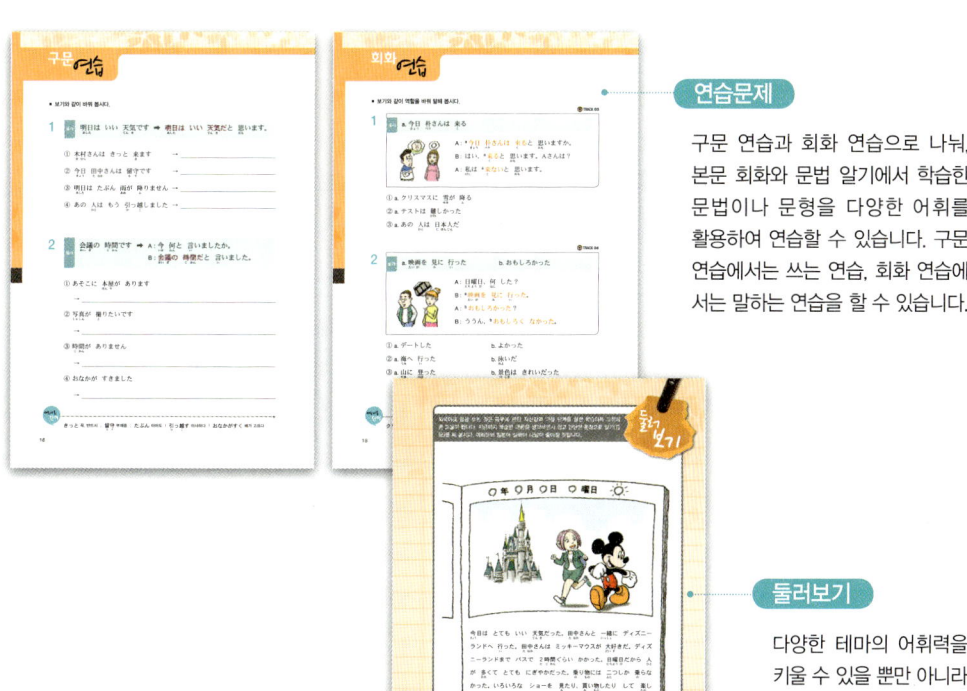

둘러보기

다양한 테마의 어휘력을 키울 수 있을 뿐만 아니라 앞에서 학습한 문법이나 문형을 재미있게 활용하여 복습할 수 있도록 하였습니다.

이 책의 학습 포인트

01 もうすぐ 来ると 思います	❶ 정중체와 보통체 ❷ 보통체형 회화(의문문 / 의뢰·권유 표현 / 부정문 / 보통체형+종조사) ❸ 보통체형 + と思う　　❹ 문장 / 보통체형 + と言う ❺ 명사 で / い형용사 くて / な형용사 で / 동사 て형 て
	둘러보기　일기 쓰기
02 日本語が 上手に なりましたね	❶ 동사 사전형 + と　　❷ 명사 に / い형용사 く / な형용사 に + なる ❸ 보통체형 + とき　　❹ 동사 사전형 + の
	둘러보기　의성어와 의태어
03 私の 趣味は 映画を 見る ことです	❶ 동사 사전형 + こと　　❷ 보통체형 + し　　❸ 보통체형 과거 + ら ❹ 동사 사전형 + ことができる　　❺ 명사 + でも
	둘러보기　취미
04 病院へ 行った 方が いいですよ	❶ 보통체형 + んです(=のです)　　❷ 보통체형 + かもしれない ❸ 동사 て형 + てみる　　❹ 동사 た형 + た方がいい / 동사 ない형 + ない方がいい
	둘러보기　몸의 증상
05 大阪の 友だちが くれた ものです	❶ あげる / くれる / もらう ❷ 동사 て형 + てあげる / てくれる / てもらう ❸ 명사 수식　　❹ 동사 て형 + てくる
	둘러보기　명절 선물
06 疲れて いたので 早く 寝て しまったんです	❶ 보통체형 + ので　　❷ 보통체형 + のに ❸ い형용사 く / な형용사 に (부사형)　　❹ 동사 て형 + てしまう ❺ 동사 ない형 + ないで　　❻ 동사 ない형 + なければならない ❼ 명사 + までに
	둘러보기　집안일
07 韓国の 辛い 料理は 食べられますか	❶ 동사 가능형 ❷ 명사 + で / い형용사 くて / な형용사 で / 동사 て형 て + も ❸ 동사 ない형 + なくてもいい　　❹ 명사 に / い형용사 く / な형용사 に + する
	둘러보기　음식의 맛
08 窓が 開いて いますね	❶ 見える / 聞こえる　　❷ 자동사와 타동사　　❸ 동사 て형 + てある ❹ 동사 て형 + ておく　　❺ ている / てある / ておく 표현
	둘러보기　집의 구조

09 少し 遅れて 来るそうです	❶ そうだ(전문 / 양태) ❸ 보통체형 + かどうか	❷ 명사 + という + 명사 ❹ 의문사 + 보통체형 + か
	둘러보기	음식 조리법
10 今日は 休みのようです	❶ ～ば(가정) ❸ 동사 ます형 + やすい / にくい ❹ 보통체형 + ようだ	❷ 보통체형 + なら ❺ 명사 + にする
	둘러보기	물건 사기
11 一緒に 旅行を する つもりです	❶ 동사 사전형 + つもりだ ❸ 동사 의지형 + と思う ❺ 동사 て형 + てくださいませんか	❷ 동사 의지형 ❹ 보통체형 + らしい
	둘러보기	일본의 대표적인 도시와 특산물
12 できるだけ 日本語で 話すように して います	❶ 수량사 + も ❸ 의문사 + でも ❺ 명사 + とか	❷ 동사 사전형 + ようになる ❹ 동사 사전형 + ようにする(ようにしている) ❻ 보통체형 + でしょう
	둘러보기	날씨
13 雨に 降られて、ぬれて しまったんですよ	❶ 동사 수동형 ❸ 동사 명령형 ❺ 명령형 / 금지형 + と言われた	❷ 동사 수동형 문장(직접 수동 / 간접 수동 / 소유자 수동) ❹ 동사 금지형
	둘러보기	운전 표지판
14 家の 手伝いを させられました	❶ 동사 た형 + たばかりだ　❷ 동사 사역형 ❸ 동사 사역형 문장(자동사 사역문 / 타동사 사역문 / 사역문의 의미) ❹ 동사 사역수동형	
	둘러보기	사람의 성격
15 先生は 何に なさいますか	❶ 존경어(존경의 특별 동사 / 존경동사 / お + 동사 ます형 + になる 　/ お + 동사 ます형 + ください / 명사 · 형용사의 존경어)	
	둘러보기	일정 이야기하기
16 また お電話 いたします	❶ 겸양어(겸양의 특별 동사 / お + 동사 ます형 + する / ご + 명사 + する) ❷ 동사 て형 + ていただく	
	둘러보기	메일 쓰기

이 책의 차례

	머리말	3
	이 책의 구성과 특징	4
	이 책의 학습 포인트	6
01	もうすぐ 来ると 思います	10
02	日本語が 上手に なりましたね	20
03	私の 趣味は 映画を 見る ことです	28
04	病院へ 行った 方が いいですよ	36
05	大阪の 友だちが くれた ものです	44
06	疲れて いたので 早く 寝て しまったんです	54
07	韓国の 辛い 料理は 食べられますか	64
08	窓が 開いて いますね	72
09	少し 遅れて 来るそうです	82
10	今日は 休みのようです	90
11	一緒に 旅行を する つもりです	100
12	できるだけ 日本語で 話すように して います	108
13	雨に 降られて、ぬれて しまったんですよ	116
14	家の 手伝いを させられました	126
15	先生は 何に なさいますか	136
16	また お電話 いたします	144

부록

본문회화 해석 및 연습문제 해답	154
단어 색인	165

New
다이나믹
일본어

본문 회화

01 もうすぐ 来ると 思います

이제 곧 올 것이라 생각합니다

会話 1　대학 강의실에서　TRACK 01

先生　おはよう ございます。
　　　今日は 人数が 少ないですね。
李　　金さんは もうすぐ 来ると 思います。
先生　そうですか。林さんも いませんね。
李　　林さんから さっき 電話が ありました。
先生　何と 言って いましたか。
李　　今日は 風邪で 休むと 言って いました。

새로 나온 단어

人数 인원수 | ～と思う ～라고 생각하다 | そうだ 그렇다 | さっき 아까, 조금 전 | 何と 뭐라고
～と言う ～라고 하다 | 風邪 감기 | ～で ～해서, ～때문에(원인·이유)

 ❶ 정중체와 보통체 ❷ ~と思う/と言う ❸ ~で(원인·이유)

会話 2 — 전화하면서 TRACK 02

李　林さん、具合は どう？

林　うん。もう 大丈夫。授業は どうだった？

李　おもしろかった。でも、宿題が たくさん 出たよ。

林　どんな 宿題？ 教えて。

李　じゃ、明日 一緒に 宿題を しない？

林　うん、ありがとう。じゃ、明日 電話するね。

새로나온 단어

具合 형편, 상태 ｜ うん 응

문법 알기

❶ 정중체와 보통체

		정중체	보통체(문장체)
명사	현재 긍정형	学生です	学生だ
	현재 부정형	学生では(じゃ)ありません 学生では(じゃ)ないです	学生ではない
	과거 긍정형	学生でした	学生だった
	과거 부정형	学生では(じゃ)ありませんでした 学生では(じゃ)なかったです	学生ではなかった
い형용사	현재 긍정형	おもしろいです	おもしろい
	현재 부정형	おもしろくありません おもしろくないです	おもしろくない
	과거 긍정형	おもしろかったです	おもしろかった
	과거 부정형	おもしろくありませんでした おもしろくなかったです	おもしろくなかった
な형용사	현재 긍정형	好きです	好きだ
	현재 부정형	好きでは(じゃ)ありません 好きでは(じゃ)ないです	好きではない
	과거 긍정형	好きでした	好きだった
	과거 부정형	好きでは(じゃ)ありませんでした 好きでは(じゃ)なかったです	好きではなかった
동사	현재 긍정형	行きます／あります	行く／ある
	현재 부정형	行きません／ありません	行かない／ *cf* ない
	과거 긍정형	行きました／ありました	行った／あった
	과거 부정형	行きませんでした／ ありませんでした	行かなかった *cf* なかった

❷ 보통체형 회화

1 의문문

	정중체	보통체(회화체)
명사	学生ですか はい、学生です いいえ、学生じゃないです	学生(↗) うん、学生(↘) ううん、学生じゃない(↘)
い형용사	おもしろいですか はい、おもしろいです いいえ、おもしろくないです	おもしろい(↗) うん、おもしろい(↘) ううん、おもしろくない(↘)
な형용사	好きですか はい、好きです いいえ、好きじゃないです	好き(↗) うん、好き(↘) ううん、好きじゃない(↘)
동사	行きますか はい、行きます いいえ、行きません	行く(↗) うん、行く(↘) ううん、行かない(↘)

2 의뢰·권유 표현

정중체	보통체
宿題を教えてください	宿題、教えて(↗)
一緒に行きませんか	一緒に行かない(↗)

새로 나온 단어

ううん 아니

문법알기

3 부정문

彼は 学生じゃない。
かれ　がくせい

部屋が きれいじゃなかった。
へや

4 보통체형 + 종조사

今日は 行かないよ。
きょう　い

明日、電話するね。
あした　でんわ

3 보통체형 + と思う ~라고 생각하다, ~(인) 것 같다

金さんは もう すぐ 来ると 思います。
キム　　　　　　　　く　　おも

彼が 犯人だと 思います。
かれ　はんにん　　おも

日本は 交通が 便利だと 思います。
にほん　こうつう　べんり　　おも

❹ 문장/보통체형 + と言う ～라고 하다

山田さんは 明日 韓国へ 行くと 言いました。

いちごを 韓国語で 何と 言いますか。

林さんは 今日 休むと 言って いました。

❺ 명사 で／い형용사 くて／な형용사 で／동사 て형 て

～해서, ～때문에

今日は 風邪で 学校を 休みました。

文字が 大きくて いいです。

買い物が 不便で 困りました。

たくさん 歩いて 疲れました。

犯人 범인 | 交通 교통 | いちご 딸기 | 文字 글자, 문자 | 困る 곤란하다 | 疲れる 지치다, 피곤해지다

구문 연습

■ 보기와 같이 바꿔 봅시다.

1 | 보기 | 明日は いい 天気です ➡ 明日は いい 天気だと 思います。

① 木村さんは きっと 来ます → _____

② 今日 田中さんは 留守です → _____

③ 明日は たぶん 雨が 降りません → _____

④ あの 人は もう 引っ越しました → _____

2 | 보기 | 会議の 時間です ➡ A: 今 何と 言いましたか。
　　　　　　　　　　　　　　B: 会議の 時間だと 言いました。

① あそこに 本屋が あります

　→ _____

② 写真が 撮りたいです

　→ _____

③ 時間が ありません

　→ _____

④ おなかが すきました

　→ _____

새로나온 단어

きっと 꼭, 반드시 | 留守 부재중 | たぶん 아마도 | 引っ越す 이사하다 | おなかがすく 배가 고프다

01 もうすぐ 来ると 思います

3

보기　風邪を ひく／学校を 休んだ
➡ 風邪を ひいて 学校を 休みました。

① ニュースを 聞く／びっくりした
→ _____

② 先生の 話は 難しい／わからない
→ _____

③ 事故だ／人が けがを した
→ _____

④ 病気だ／入院した
→ _____

4

보기　暑いですか ➡ A：暑い？
　　　　　　　　　B₁：うん、暑い。
　　　　　　　　　B₂：ううん、暑く ない。

① 学生ですか　　　→ _____
② 行きますか　　　→ _____
③ 忙しかったですか → _____
④ 電話しましたか　→ _____

風邪をひく 감기에 걸리다 ｜ ニュース 뉴스 ｜ びっくりする 깜짝 놀라다 ｜ わかる 알다 ｜ 事故 사고
けがをする 상처를 입다, 다치다 ｜ 病気 병 ｜ 入院する 입원하다

회화 연습

■ 보기와 같이 역할을 바꿔 말해 봅시다.

TRACK 03

1

보기 a. 今日 朴さんは 来る

A : ª今日 朴さんは 来ると 思いますか。
B : はい、ª来ると 思います。Aさんは？
A : 私は ª来ないと 思います。

① a. クリスマスに 雪が 降る
② a. テストは 難しかった
③ a. あの 人は 日本人だ

TRACK 04

2

보기 a. 映画を 見に 行った　　　b. おもしろかった

A : 日曜日、何 した？
B : ª映画を 見に 行った。
A : ᵇおもしろかった？
B : ううん、ᵇおもしろく なかった。

① a. デートした　　　　　　　b. よかった
② a. 海へ 行った　　　　　　b. 泳いだ
③ a. 山に 登った　　　　　　b. 景色は きれいだった

クリスマス 크리스마스 ｜ 雪 눈 ｜ 景色 경치

외국어로 글을 쓰는 것은 공부에 관한 자신감과 다음 단계를 향한 학습의욕 고취에 큰 도움이 됩니다. 지금까지 학습한 내용을 생각하면서 쉽고 간단한 문장으로 일기(日記)를 써 봅시다. 여러분의 일본어 실력이 나날이 좋아질 것입니다.

○年 ○月 ○日 ○曜日

今日は とても いい 天気だった。田中さんと 一緒に ディズニーランドへ 行った。田中さんは ミッキーマウスが 大好きだ。ディズニーランドまで バスで 2時間ぐらい かかった。日曜日だから 人が 多くて とても にぎやかだった。乗り物には 二つしか 乗らなかった。いろいろな ショーを 見たり、買い物したり して 楽しかった。夜 田中さんと おいしい 食べ物を 食べながら、ゆっくり 話を した。今日は とても 楽しかった。また 行きたいと 思った。

02 日本語が 上手に なりましたね

일본어가 능숙해졌군요

会話 1  TRACK 05

李　　昨日　電子辞書を　買いました。

田中　ちょっと　見せて　ください。

　　　最近の　辞書は　ずいぶん　小さいですね。

李　　ここを　押すと、文字が　大きく　なります。

　　　それから　韓国語を　調べる　ときは、ここを

　　　押します。

田中　便利ですね。私も　こんな　のが　ほしいです。

電子辞書 전자사전 | 見せる 보이다 | 最近 최근, 요즘 | ずいぶん 꽤, 상당히 | 〜と 〜(하)면, 〜(하)자
〜くなる 〜해지다, 〜게 되다 | 〜とき 〜때 | こんな 이런

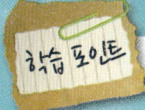 ❶ ～と(가정)　❷ ～くなる／～になる(변화)　❸ ～とき

会話 2　커피숍에서　TRACK 06

田中　李さん、日本語が 上手に なりましたね。

李　　ありがとう ございます。でも まだまだです。

田中　いつも どうやって 勉強して いますか。

李　　暇な とき、ドラマや ニュースを 見て 新しい 言葉を 覚えて います。

田中　聞く のと 話す のと どちらが 難しいですか。

李　　話す 方ですね。話す 時は いつも どきどき します。

～になる ~해지다, ~게 되다 ｜ まだまだ 아직도(아직를 강조한 말) ｜ どうやって 어떻게 ｜ 言葉 단어, 말
どきどきする 두근두근하다

문법알기

❶ 동사 사전형 ＋ と ～(하)면, ～(하)자

この ボタンを 押すと 文字が 大きく なります。

この 道を まっすぐ 行くと、銀行が あります。

cf ✕ 日本へ 行くと、新宿へ 行って みて ください。

❷ 명사 に／い형용사 く／な형용사 に ＋ なる
～이/가 되다, ～해지다, ～게 되다

今年で 30歳に なりました。

これから だんだん 暑く なります。

日本語が 上手に なりました。

③ 보통체형 + とき (명사 の／な형용사 な + とき) ~때

子供の とき、この 公園で よく 遊びました。

頭が 痛い とき、この 薬を 飲んで ください。

暇な とき、ドラマや ニュースを 見ます。

時間が ある とき、本を 読みます。

日本へ 行った とき、かばんを 買いました。

④ 동사 사전형 + の ~것

聞く のと 話す のと どちらが 難しいですか。

日本語は 書く のが 難しいです。

私は 教える のが 好きです。

まっすぐ 똑바로 | 今年 올해 | これから 앞으로, 이제부터 | だんだん 점점 | よく 자주, 잘
薬を飲む 약을 먹다

구문 연습

■ 보기와 같이 바꿔 봅시다.

1 보기
寒い → 寒く なります。
元気だ → 元気に なります。

① これから 暑い →

② 町が 便利だ →

③ 来月から 忙しい →

④ 来年 大学生だ →

2 보기
ここを 押します／切符が 出る
→ ここを 押すと、切符が 出ます。

① お酒を 飲みます／顔が 赤く なる

→

② 掃除を します／部屋が きれいに なる

→

③ たくさん 食べます／太る

→

④ 信号を 右に 曲がります／公園が ある

→

새로나온 단어
町 동네, 마을 ｜ 切符 표 ｜ 太る 살찌다 ｜ 信号 신호 ｜ 曲がる 구부러지다, 돌다

3

보기
時間が ある／映画を 見に 行く
➡ 時間が ある とき、映画を 見に 行きます。

① 高校生だ／プサンに 住んで いた
　→

② 眠い／コーヒーを 飲む
　→

③ 暇だ／友だちに 電話する
　→

④ 日本語が 分からない／先生に 聞く
　→

4

보기
漢字を 読みます／難しい
➡ 漢字を 読む のは 難しいです。

① 日本語を 勉強します／楽しい　→
② 毎朝 6時に 起きます／大変だ　→
③ あの 人に 会います／嫌だ　→
④ ここで 遊びます／危ない　→

眠い 졸리다 ｜ 嫌だ 싫다

회화 연습

■ 보기와 같이 역할을 바꿔 말해 봅시다.

TRACK 07

1

| 보기 | a. 銀行(ぎんこう) | b. この 道(みち)を まっすぐ 行(い)く | c. 右(みぎ) |

A: すみません、この へんに ª銀行(ぎんこう)は ありますか。
B: ª銀行(ぎんこう)ですか。 ᵇこの 道(みち)を まっすぐ 行(い)くと、 ᶜ右(みぎ)に ありますよ。

① a. 郵便局(ゆうびんきょく)　b. 信号(しんごう)を 右(みぎ)に 曲(ま)がる　c. 左(ひだり)
② a. 駅(えき)　　　　　　　b. 10分(じゅっぷん)ぐらい 歩(ある)く　　　c. 左(ひだり)
③ a. 公園(こうえん)　　　　b. あの 橋(はし)を 渡(わた)る　　　　　　c. 右(みぎ)

TRACK 08

2

| 보기 | a. 暇(ひま)だ | b. 何(なに)を する | c. 友(とも)だちに 電話(でんわ)する |

A: Bさんは ª暇(ひま)な とき、ᵇ何(なに)を しますか。
B: ª暇(ひま)な ときは、ᶜ友(とも)だちに 電話(でんわ)します。

① a. 時間(じかん)が ある　　　　　b. 何(なに)を する　　c. 喫茶店(きっさてん)に 行(い)く
② a. 寂(さび)しい　　　　　　　　b. どうする　　　　　c. 明(あか)るい 音楽(おんがく)を 聞(き)く
③ a. 日本語(にほんご)が 分(わ)からない　b. どうする　　　c. 先生(せんせい)に 聞(き)く

へん 부근, 근처 | 橋(はし) 다리 | 渡(わた)る 건너다 | 寂(さび)しい 쓸쓸하다

일본어는 의성어·의태어가 매우 많이 사용되는 언어 중 하나입니다. 사람의 마음 상태를 나타내는 의성어·의태어를 넣어 자신의 마음 상태를 말해 봅시다.

はらはら 조마조마

うきうき 마음이 들뜸

わくわく 두근두근

しょんぼり 풀죽은 모습

がっかり 실망하는 모양

ほっと 안심하는 모양

おろおろ 허둥지둥

ぷんぷん (여자들이) 삐짐

びくびく 벌벌

いらいら 안절부절 못함

うっとり 넋을 잃음

すっきり 산뜻한

かんかん 몹시 화가 남

ぴりぴり 신경이 날카로움

はっと 깜짝

こわごわ 조심조심

03 私の 趣味は 映画を 見る ことです

내 취미는 영화를 보는 것입니다

会話 1　대학 캠퍼스에서　🎧 TRACK 09

李　　小田さんは 何か 趣味が ありますか。

小田　ええ、映画を 見る ことです。最近は ＤＶＤで
　　　見る ことが 多いですが。

李　　最近、何か いい 映画を やって いますか。

小田　『夢』は 見ましたか。話も おもしろいし、音楽も
　　　きれいだし、とても いいですよ。

새로 나온 단어

趣味 취미 ｜ ～こと ～것 ｜ ＤＶＤ DVD ｜ やる 하다 ｜ 夢 꿈 ｜ ～し ～(하)고, ～(하)니

 ❶ ～こと ❷ ～し ❸ ～たら(가정)

 대학 캠퍼스에서   TRACK 10

木村　今度の　日曜日　天気が　よかったら、一緒に
　　　テニスを　しませんか。

李　　いいですね。どこで　やりますか。

木村　大学の　テニスコートを　使う　ことが　できますよ。

李　　そうですか。もし　雨が　降ったら、どうしますか。

木村　雨だったら、映画でも　見に　行きましょう。

～たら ～(하)면 | テニスコート 테니스 코트 | ～ことができる ～할 수 있다 | もし 만약
～でも ～(이)라도

문법 알기

① 동사 사전형 + こと ~것

私の 趣味は 映画を 見る ことです。

私は 歌う ことが 好きです。

彼の 夢は 医者に なる ことです。

cf × 彼の 夢は 医者に なる のです。

② 보통체형 + し ~(하)고, ~(하)니

この 映画は 話も おもしろいし、音楽も きれいです。

みかんは おいしいし、栄養も あるし、体に いいです。

彼は まじめだし、やさしいです。

③ 보통체형 과거 + ら ~(하)면, ~(하)다면

明日 雨だったら、どうしますか。

天気が よかったら、一緒に テニスを しませんか。

もし 明日 暇だったら、何が したいですか。

李さんに 会ったら、よろしく 伝えて ください。

03 私の 趣味は 映画を 見る ことです

❹ 동사 사전형 + ことができる ~할 수 있다

大学の テニスコートを 使う ことが できます。
だいがく   つか

私は 日本語を 話す ことが できます。
わたし にほんご はな

ここから 海を 見る ことが できます。
      うみ み

❺ 명사 + でも ~(이)라도

映画でも 見に 行きましょう。
えいが   み い

おにぎりでも 作りましょうか。
        つく

よかったら、お茶でも 飲みませんか。
       ちゃ   の

새로나온 단어

栄養 영양 | 体 몸 | よろしく伝える 안부를 전하다
えいよう   からだ   つた

구문 연습

■ 보기와 같이 바꿔 봅시다.

1 [보기] 映画を 見ます ➡ 私の 趣味は 映画を 見る ことです。

① 音楽を 聞きます → _____

② 水泳を します → _____

③ ピアノを ひきます → _____

④ 外国の 切手を 集めます → _____

2 [보기] 今日は 人が 多いです （日曜日です／天気も いいです）
➡ 日曜日だし、天気も いいし、今日は 人が 多いです。

① 彼は 人気が あります （親切です／おもしろいです）
→ _____

② この 大学に 決めました （有名です／キャンパスも きれいです）
→ _____

③ ここを 引っ越したいです （交通も 不便です／狭いです）
→ _____

④ タクシーで 行きます （雨も 降って います／時間も ありません）
→ _____

水泳 수영 ｜ 外国 외국 ｜ 切手 우표 ｜ 集める 모으다 ｜ 人気 인기 ｜ 決める 결정하다 ｜ キャンパス 캠퍼스

03 私の 趣味は 映画を 見る ことです

3 　보기　雨が 降る／出かけない ➡ 雨が 降ったら、出かけません。

① いい 天気だ／友だちと 遊びに 行く
→ _____

② お金が ある／新しい 車が 買いたい
→ _____

③ もう 少し 若い／留学したい
→ _____

④ 時間が ない／パーティーに 行かない
→ _____

4 　보기　車を 運転します ➡ 車を 運転する ことが できます。

① 料理を 作ります　→ _____
② 日本の 歌を 歌います　→ _____
③ 英語を 教えます　→ _____
④ 絵を 描きます　→ _____

留学する 유학하다 ｜ ない 없다 ｜ 絵 그림 ｜ 描く 그리다

회화 연습

■ 보기와 같이 역할을 바꿔 말해 봅시다.

TRACK 11

1

| 보기 | a. テニスを する | b. 明日 いい 天気だ |

A: Bさん、趣味は 何ですか。
B: ᵃテニスを する ことです。
A: そうですか。じゃ、ᵇ明日 いい 天気だったら、一緒に ᵃテニスを しましょう。

① a. 映画を 見る　　　　　b. 土曜日 時間が ある
② a. 山に 登る　　　　　　b. 日曜日 暇だ
③ a. スキーを する　　　　b. 冬に なる

TRACK 12

2

| 보기 | a. 図書館 | b. 2階で DVDを 借りる |

A: ここが 新しい ᵃ図書館です。
B: いいですね。広いし、きれいだし…。
A: ええ。ᵇ2階で DVDを 借りる ことも できますよ。

① a. スポーツセンター　　b. プールで 泳ぐ
② a. レストラン　　　　　b. あそこで インターネットを する
③ a. 公園　　　　　　　　b. あそこから 海を 見る

새로나온 단어

スキー 스키 | 冬 겨울 | スポーツセンター 스포츠 센터

산업사회를 넘어 첨단정보화 사회로 가면서 사회는 점점 더 복잡해지고, 사람들은 여가의 중요성을 더욱더 인식하게 되었습니다. 각자 자신의 취미가 무엇이며 무엇을 할 수 있는지「〜ことができる」표현을 활용하여 말해 봅시다.

둘러보기

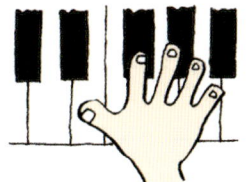
ピアノを弾く 피아노를 치다

漫画を読む 만화를 보다

音楽を聴く 음악을 듣다

本を読む 책을 읽다

ゲームをする 게임을 하다

料理をする 요리를 하다

旅行をする 여행을 하다

スキーをする 스키를 타다

写真を撮る 사진을 찍다

チャットをする 채팅을 하다

歌を歌う 노래를 부르다

ガーデニングをする 정원을 가꾸다

陶芸をする 도예를 하다

山に登る 등산을 하다

ドライブをする 드라이브를 하다

04 病院へ 行った 方が いいですよ

병원에 가는 편이 좋아요

会話 1  TRACK 13

木村　どうしたんですか。顔色が 悪いですね。

李　　ええ。朝から 食欲が なくて、寒気が するんです。

木村　風邪かも しれませんね。病院へ 行った 方が いいですよ。

李　　そうですね。

木村　近くに 病院が ありますから、一緒に 行って みましょう。

顔色 얼굴색, 안색 | 食欲 식욕 | 寒気 한기, 오한 | 寒気がする 한기가 들다 | ~んです ~입니다, ~합니다(설명)
~かもしれない ~일지도 모른다 | ~た方がいい ~(하)는 편이 좋다 | ~てみる ~해 보다

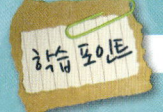 ❶ ～のだ　❷ ～かもしれない　❸ ～た／ない方がいい

 TRACK 14

医者　どうしましたか。

李　　朝から 頭が 痛くて、熱が あるんです。

医者　じゃ、喉を 見せて ください。風邪ですね。

李　　あの、午後も 授業が あるんですが、行かない 方が いいですか。

医者　そうですね。うちで ゆっくり 休んだ 方が いいですよ。

熱 열 ｜ 喉 목(구멍) ｜ ～ない方がいい ～(하)지 않는 편이 좋다 ｜ ゆっくり 푹, 천천히

문법알기

① 보통체형 + んです(＝のです) (단, 명사·な형용사 な + のだ)
~입니다, ~합니다

A: 林さんは 韓国人ですね。
B: いいえ、中国人なんです。

A: どうして 引っ越したいんですか。
B: 交通が 不便なんです。

A: かわいい かばんですね。どこで 買ったんですか。
B: 日本で 買ったんです。

A: どうしましたか。
B: 朝から 頭が 痛くて、熱が あるんです。

Cf お願いが あるんですが、今 お時間 ありますか。

② 보통체형 + かもしれない

(단, 명사·な형용사 だ+ かもしれない) ~일지도 모른다

風邪かも しれません。

この 小説、おもしろいかも しれません。

仕事を 休む のは 無理かも しれません。

明日 李さんが 来るかも しれません。

❸ 동사 て형 + てみる　～해 보다

近くに　病院が　ありますから、一緒に　行って　みましょう。

この　仕事は　一人で　やって　みます。

いつか　日本で　仕事を　して　みたいです。

❹ 동사 た형 + た方がいい / 동사 ない형 + ない方がいい
～(하)는 편이 좋다 / ～(하)지 않는 편이 좋다

うちで　ゆっくり　休んだ　方が　いいですよ。

運動は　毎日　した　方が　いいです。

体の　調子が　悪い　ときは、お酒を　飲まない　方が　いいです。

たばこは　吸わない　方が　いいです。

새로나온 단어

小説 소설 | 無理だ 무리다 | 一人で 혼자서 | いつか 언젠가 | 調子 상태, 형편

구문 연습

■ 보기와 같이 바꿔 봅시다.

1

> 보기
>
> 頭が 痛いです ➡ A : どうしたんですか。
> 　　　　　　　　 B : 頭が 痛いんです。

① 母が 心配です

　→ ....

② 財布が ありません

　→ ....

③ 教科書を 忘れました

　→ ....

④ 漢字の 読み方が 分かりません

　→ ....

2

> 보기
>
> 熱が あります ➡ 熱が あるかも しれません。

① あの 2人は 兄弟です　　　　　→ ....

② 明日の テストは 難しいです　→ ....

③ 授業に 遅れます　　　　　　　→ ....

④ 今日 金さんは 来ません　　　→ ....

새로나온 단어

読み方 읽는 방법 ｜ **遅れる** 늦어지다, 늦다

3 보기
病院へ 行きます ➡ 病院へ 行った 方が いいです。
たばこを 吸いません ➡ たばこを 吸わない 方が いいです。

① 薬を 飲みます
→ _____

② あの 人に 言いません
→ _____

③ 傘を 持って 行きます
→ _____

④ お風呂に 入りません
→ _____

4 보기
この お菓子を 食べる ➡ この お菓子を 食べて みます。

① 日本の 料理を 作る → _____
② 先生に 聞く → _____
③ もう 一度 電話を かける → _____
④ この 服を 着る → _____

새로나온 단어

お風呂に入る 목욕하다 | 電話をかける 전화를 걸다

회화 연습

■ 보기와 같이 역할을 바꿔 말해 봅시다.

TRACK 15

1

| 보기 | a. 気分が 悪い | b. 少し 休む |

A : どうしたんですか。
B : ª気分が 悪いんです。
A : ᵇ少し 休んだ 方が いいですよ。

① a. お腹が 痛い　　　　b. 薬を 飲む
② a. 風邪を ひいた　　　b. うちへ 帰る
③ a. 少し 疲れた　　　　b. 無理を しない

TRACK 16

2

| 보기 | a. パーティーへ 行く | b. 用事が あった |

A : 昨日 ªパーティーへ 行きましたか。
B : いいえ、ª行きませんでした。
A : どうして ª行かなかったんですか。
B : ᵇ用事が あったんです。

① a. 金さんに 電話する　　b. 忙しかった
② a. 本を 買う　　　　　　b. 財布を 忘れた
③ a. 飲みに 行く　　　　　b. 急用が できた

気分が悪い 몸상태가 좋지 않다 | お腹 배, 위장 | どうして 어째서, 왜 | 急用 급한 용무 | できる 생기다

외국에서 병이 나게 되면 크게 당황하게 됩니다. 몸의 증상을 어떻게 일본어로 말하는지 알아보고 기억해 둡시다.

둘러보기

お腹が痛い 배가 아프다
なか　　いた

頭が痛い 머리가 아프다
あたま　いた

寒気がする 한기가 들다
さむけ

熱がある 열이 있다
ねつ

体がだるい 몸이 나른하다
からだ

くしゃみが出る 재채기가 나다
で

下痢をする 설사를 하다
げり

鼻水が出る 콧물이 나다
はなみず　で

鼻がつまる 코가 막히다
はな

喉がはれる 목이 붓다
のど

けがをする 다치다

やけどをする 화상을 입다

咳が出る 기침이 나다
せき　で

めまいがする 현기증이 나다

食欲がない 식욕이 없다
しょくよく

吐き気がする 구역질이 나다
は　け

05 　大阪の　友だちが　くれた　ものです

오사카에 있는 친구가 준 것입니다

 会話 1　회사 휴게실에서　TRACK 17

佐藤　この　キーホルダー、いいですね。

李　　大阪の　友だちが　くれた　ものです。
　　　よかったら　あげますよ。

佐藤　えっ、もらっても　いいんですか。

李　　ええ。二つ　ありますから、どうぞ。

佐藤　ありがとう　ございます。

 새로나온 단어

キーホルダー 열쇠고리 ｜ くれる (남이 나에게) 주다 ｜ よかったら 괜찮다면 ｜ あげる (내가 남에게) 주다
えっ 어(놀람) ｜ もらう 받다

❶ 수수 표현 ❷ 명사 수식 ❸ ~てくる

会話 2  🎧 TRACK 18

李 　週末に 大阪へ 行って きたんです。
佐藤　そうですか。一人で 行ったんですか。
李 　ええ。一人で 行って、友だちの 家に 泊めて もらいました。
佐藤　どんな ところを 見物しましたか。
李 　友だちが 大阪城や 道頓堀を 案内して くれました。

週末 주말 | ~てくる ~고 오다 | 泊める 숙박시키다, 묵게 하다 | ~てもらう ~해 받다 | 見物 구경
大阪城 오사카성 | 道頓堀 도톤보리(지명) | 案内する 안내하다 | ~てくれる (남이 나에게) ~해 주다

문법 알기

❶ あげる／くれる／もらう

1 あげる (내가 타인에게) 주다

私は あなたに この 本を あげます。

私は 友だちに 誕生日の プレゼントを あげました。

田中さんが 小田さんに 雑誌を あげました。

2 くれる (타인이 나에게) 주다

大阪の 友だちが 私に キーホルダーを くれました。

木村さんが 私に 本を くれました。

小田さんが 弟に 誕生日の プレゼントを くれました。

3 もらう (내가 타인에게) 받다

私は 大阪の 友だちに キーホルダーを もらいました。

私は 友だちに 本を もらいました。

兄は 佐藤さんに 時計を もらいました。

05 大阪の 友だちが くれた ものです

② 동사 て형 + てあげる / てくれる / てもらう

1 ～てあげる (내가 타인에게) ～해 주다

私(わたし)は 友(とも)だちに 料理(りょうり)を 作(つく)って あげました。

田中(たなか)さんは 小田(おだ)さんに 本(ほん)を 貸(か)して あげました。

2 ～てくれる (타인이 나에게) ～해 주다

友(とも)だちが 大阪(おおさか)を 案内(あんない)して くれました。

母(はは)が 私(わたし)に 靴(くつ)を 買(か)って くれました。

3 ～てもらう (내가 타인에게) ～해 받다(～해 주다)

私(わたし)は 田中(たなか)さんに 電話番号(でんわばんごう)を 教(おし)えて もらいました。

李(イ)さんは 金(キム)さんに 英語(えいご)の 本(ほん)を 貸(か)して もらいました。

새로나온 단어

あなた 당신 | プレゼント 선물 | 貸(か)す 빌려 주다

문법알기

③ 명사 수식

명사	い형용사	な형용사	동사
学生のころ	おもしろい本	静かな部屋	行く人
学生ではないころ	おもしろくない本	静かではない部屋	行かない人
学生だったころ	おもしろかった本	静かだった部屋	行った人
学生ではなかったころ	おもしろくなかった本	静かではなかった部屋	行かなかった人

これは 大阪の 友だちが くれた ものです。

先週、彼と 見た 映画は 本当に おもしろかったです。

あれが 私が 住んで いる 家です。

④ 동사 て형 + てくる ~아(어) 오다

週末に 大阪へ 行って きたんです。

ちょっと 飲み物を 買って きます。

図書館で 本を 借りて きました。

05 大阪の 友だちが くれた ものです

> 수수동사의 대우 표현

私は 先生に お土産を さしあげました。

先生は 私に 本を くださいました。

私は 先生に 手紙を いただきました。

本当に 정말로 | **さしあげる** 드리다(あげる의 겸양어) | **くださる** 주시다(くれる의 존경어) | **手紙** 편지
いただく 받다(もらう의 겸양어)

구문 연습

■ 보기와 같이 바꿔 봅시다.

1

보기
田中さん／プレゼント
➡ 私は 田中さんに プレゼントを あげました。
朴さん／英語を 教える
➡ 私は 朴さんに 英語を 教えて あげました。

① 金さん／時計 →
② 佐藤さん／ネクタイ →
③ 李さん／ケーキを 買う →
④ 小田さん／本を 貸す →

2

보기
田中さん／ＣＤ
➡ 私は 田中さんに ＣＤを もらいました。
朴さん／英語を 教える
➡ 私は 朴さんに 英語を 教えて もらいました。

① 小田さん／お酒 →
② 金さん／人形 →
③ 田中さん／林さんを 紹介する →
④ 佐藤さん／うちまで 車で 送る →

ＣＤ CD ｜ 人形 인형 ｜ 送る 데려다 주다, 배웅하다

05 大阪の 友だちが くれた ものです

3

보기
田中さん／ＣＤ
➡ 田中さんは 私に ＣＤを くれました。
朴さん／英語を 教える
➡ 朴さんは 私に 英語を 教えて くれました。

① 小田さん／セーター → _____
② 佐藤さん／手袋 → _____
③ 李さん／料理を 作る → _____
④ 金さん／写真を 見せる → _____

4

보기
昨日 買いました／かばん
➡ これは 昨日 買った かばんです。

① 今 読んで います／本 → _____
② 明日 着ます／服 → _____
③ 田中さんが 撮りました／写真 → _____
④ 佐藤さんに 渡します／プレゼント → _____

새로나온 단어

手袋 장갑 ｜ **渡す** 건네주다

회화 연습

■ 보기와 같이 역할을 바꿔 말해 봅시다.

TRACK 19

1

| 보기 | a. 姉(あね) | b. セーター | c. 妹(いもうと)さん |

A: 誕生日(たんじょうび)に 何(なに)を もらいましたか。
B: ª姉(あね)に ᵇセーターを もらいました。
A: ᶜ妹(いもうと)さんにも 何(なに)か もらいましたか。
B: いいえ、ᶜ妹(いもうと)は 何(なに)も くれませんでした。

① a. 母(はは)　　　b. お金(かね)　　　c. お父(とう)さん
② a. 兄(あに)　　　b. 電子辞書(でんしじしょ)　c. 弟(おとうと)さん
③ a. 娘(むすめ)　　b. 時計(とけい)　　c. 息子(むすこ)さん

TRACK 20

2

| 보기 | a. 韓国料理(かんこくりょうり)を 食(た)べる | b. 李(イ)さん | c. 作(つく)る |

A: Bさん、ª韓国料理(かんこくりょうり)を 食(た)べた ことが ありますか。
B: ええ。ᵇ李(イ)さんに ᶜ作(つく)って もらいました。
A: ᵇ李(イ)さんが ᶜ作(つく)って くれたんですか。 いいですね。

① a. スキーを する　　b. 佐藤(さとう)さん　c. 教(おし)える
② a. 鎌倉(かまくら)に 行(い)く　b. 友(とも)だち　　c. 連(つ)れて 行(い)く
③ a. 小田(おだ)さんに 会(あ)う　b. 木村(きむら)さん　c. 紹介(しょうかい)する

새로나온 단어

娘(むすめ) 딸 ｜ 息子(むすこ)さん (남의) 아들, 아드님 ｜ 連(つ)れて 行(い)く 데리고 가다

일본에서는 오추겐(お中元·음력 7월 15일)과 오세보(お歳暮·연말)가 되면 평소에 신세를 진 직장 상사나 은사, 친척들을 찾아뵙거나 혹은 우편으로 선물을 보냅니다. 일본인들은 어떤 선물을 주고받는지 알아봅시다.

둘러보기

梅干 우메보시
うめぼし

缶詰 통조림
かんづめ

明太子 명란젓
めんたいこ

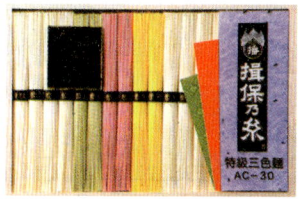

素麺 소면
そうめん

緑茶 녹차
りょくちゃ

羊かん 양갱
よう

ビール 맥주

カルピス 음료의 일종

メロン 멜론

06 疲れて いたので、早く 寝て しまったんです

피곤해서 빨리 잤습니다

会話 1 　대학 캠퍼스에서　🎧 TRACK 21

王　　今日の テストは どうでしたか。

李　　あまり 勉強しなかったので、だめでした。

王　　そうですか。

李　　昨日は 疲れて いたので、早く 寝て しまったんです。
　　　王さんは どうでしたか。

王　　私は 寝ないで 勉強したのに、たくさん 間違えて しまいました。

새로 나온 단어

〜ので 〜때문에, 〜이므로(원인·이유) ｜ 早く 빨리, 일찍 ｜ 〜てしまう 〜해 버리다
〜ないで 〜(하)지 않고, 〜(하)지 말고 ｜ 〜のに 〜(인)데도, 〜임에도 불구하고 ｜ 間違える 틀리다

학습포인트 ❶ ~ので(원인・이유) ❷ ~のに ❸ ~ないで

会話 2 — 교수님의 연구실에서 🎧 TRACK 22

李 　先生、レポートは 今日 出さなければ なりませんか。

先生　まだ 書いて いないんですか。

李 　いいえ、書いたんですが、うちに 忘れて きて しまったんです。

先生　しかたが ないですね。
　　　じゃ、明日の 3時までに 出して ください。

새로나온 단어

出す 내다, 제출하다 ｜ ～なければならない ～(하)지 않으면 안 된다, ～해야 한다
しかたがない 어쩔 수 없다, 도리가 없다 ｜ ～までに ～까지(기한 한정)

문법알기

❶ 보통체형 + ので(단, 명사・な형용사 な + ので) ～때문에, ～이므로

彼は 学生なので、お金が あまり ありません。

今日は 寒いので、出かける のを やめました。

交通が 不便なので、引っ越しました。

試験が あるので、勉強します。

今 運動を したので、少し 休みます。

❷ 보통체형 + のに(단, 명사・な형용사 な + のに)

～인데(도), ～임에도 불구하고

日曜日なのに 道が 混んで います。

最近の 子供は 体は 大きいのに 体力が ありません。

彼は 日本語が 上手なのに あまり 話しません。

あやまって いるのに 許して くれません。

昨日 勉強したのに たくさん 間違えました。

3 い형용사 く / な형용사 に (부사형) ~(하)게

昨日は 疲れて いたので、早く 寝ました。

風が 強く 吹いて います。

部屋を きれいに 掃除しました。

4 동사 て형 + てしまう ~해 버리다

風邪を ひいて しまいました。

授業中に うっかり 寝て しまいました。

友だちとの 約束を 忘れて しまいました。

やめる 그만두다 | 試験 시험 | 混む 붐비다 | 体力 체력 | あやまる 사과하다 | 許す 용서하다 | 風 바람
強く 강하게 | 吹く 불다 | きれいに 깨끗이 | うっかり 무심코, 깜빡 | 約束 약속

문법알기

⑤ 동사 ない형 + ないで ~(하)지 않고, ~(하)지 말고

寝ないで 勉強しました。
ね　　　べんきょう

鍵を かけないで 出かけました。
かぎ　　　　　　で

本を 見ないで 答えて ください。
ほん　み　　　こた

⑥ 동사 ない형 + なければならない
(=ない형 + なくてはいけない) ~(하)지 않으면 안 된다, ~해야 한다

今日 レポートを 出さなければ なりません。
きょう　　　　　　だ

早く うちへ 帰らなければ なりません。
はや　　　　　かえ

自分の ことは 自分で しなければ なりません。
じぶん　　　　　じぶん

今日 この 荷物を 送らなくては いけません。
きょう　　　にもつ　　おく

明日 病院へ 行かなくては いけません。
あした　びょういん　い

7 명사＋までに ~까지(기한)

レポートは 明日の 3時までに 出して ください。

来年までに 結婚したいです。

水曜日までに 旅行の 計画を 立てます。

cf 5時まで 働きました。

5時までに 来て ください。

鍵をかける 열쇠를 잠그다 ｜ 答える 대답하다 ｜ 自分 자기, 자신
~なくてはいけない ~(하)지 않으면 안 된다, ~해야 한다 ｜ 計画 계획 ｜ 立てる 세우다

구문 연습

■ 보기와 같이 바꿔 봅시다.

1

보기 お腹が 痛い／学校を 休んだ・学校へ 行った
  ➡ お腹が 痛いので、学校を 休みました。
  ➡ お腹が 痛いのに、学校へ 行きました。

① 日曜日だ／公園に たくさんの 人が いる・公園に 誰も いない
  → _____

② お金が ない／まだ 家を 買わない・無理して 家を 買った
  → _____

③ 走った／間に合った・間に合わなかった
  → _____

④ 雨が 降って いる／出かけない・出かける
  → _____

2

보기 宿題を 忘れる ➡ 宿題を 忘れて しまいました。

① 風邪を ひく → _____

② 学校に 遅れる → _____

③ 時計を なくす → _____

④ うそを つく → _____

새로나온 단어

間に合う 제 시간에 대다, 충분하다 | なくす 잃다 | うそをつく 거짓말을 하다

3

보기
今晩は 早く 寝る
→ 今晩は 早く 寝なければ なりません。
→ 今晩は 早く 寝なくては いけません。

① 明日の 朝 5時に 起きる → ＿＿＿＿＿＿＿＿＿＿

② 時間が ないので 急ぐ → ＿＿＿＿＿＿＿＿＿＿

③ 早く メールの 返事を 送る → ＿＿＿＿＿＿＿＿＿＿

④ 先生の 質問に 日本語で 答える → ＿＿＿＿＿＿＿＿＿＿

4

보기
傘を 持つ／出かける
→ A：傘を 持って 出かけましたか。
　 B：いいえ、持たないで 出かけました。

① ご飯を 食べる／学校へ 行く

→ ＿＿＿＿＿＿＿＿＿＿

② お土産を 買う／帰る

→ ＿＿＿＿＿＿＿＿＿＿

③ 辞書を 見る／書く

→ ＿＿＿＿＿＿＿＿＿＿

④ 薬を 飲む／寝る

→ ＿＿＿＿＿＿＿＿＿＿

今晩 오늘 밤 ｜ **急ぐ** 서두르다 ｜ **返事** 대답, 답장

회화 연습

■ 보기와 같이 역할을 바꿔 말해 봅시다.

TRACK 23

1

보기	a. テストが ある	b. 勉強する

A: 明日　どこかに　出かけますか。
B: いいえ、ªテストが あるので、
　　ᵇ勉強しなければ なりません。

① a. 部屋が 汚い　　　　　b. 掃除を する
② a. お客さんが 来る　　　b. 料理を 作る
③ a. 明日も 仕事だ　　　　b. 会社へ 行く

TRACK 24

2

보기	a. 風邪を ひく	b. 明日から 旅行だ

A: どうしたんですか。元気が ないですね。
B: 実は、ª風邪を ひいて しまったんです。
A: えっ、ᵇ明日から 旅行なのに…。
B: そうなんです。困りました。

① a. 時計を 忘れる　　　　b. 今日は 試験が ある
② a. 指輪を なくす　　　　b. 高い 指輪だ
③ a. 財布を 落とす　　　　b. 新しい 財布だ

お客さん 손님 ｜ 実は 사실은 ｜ 落とす 잃어버리다, 떨어뜨리다

집 안에서 할 수 있는 일에는 어떤 것들이 있을까요? 예를 들어 "오늘 빨래를 하지 않으면 안 된다"라는 것은 「今日洗濯をしなければならない」라고 합니다. 그 외에 자신이 해야 하는 집안일에 관해 말해 봅시다.

돌려보기

掃除をする
そうじ
청소를 하다

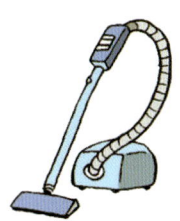
掃除機をかける
そうじき
청소기를 돌리다

部屋を片付ける
へや かたづ
방을 치우다

床を拭く
ゆか ふ
바닥을 닦다

洗濯をする
せんたく
빨래를 하다

洗濯物を干す
せんたくもの ほ
빨래를 말리다

洗濯物をたたむ
せんたくもの
빨래를 개다

アイロンをかける
다림질을 하다

ご飯を炊く
はん た
밥을 짓다(하다)

料理を作る
りょうり つく
요리를 만들다

お皿を洗う
さら あら
접시를 닦다

ゴミを捨てる
す
쓰레기를 버리다

子供の世話をする
こども せわ
아이를 돌보다

花に水をやる
はな みず
꽃에 물을 주다

靴を磨く
くつ みが
구두를 닦다

買い物をする
か もの
장을 보다

07 韓国の 辛い 料理は 食べられますか

한국의 매운 요리는 먹을 수 있습니까?

会話 1　커피숍에서　TRACK 25

李　　田中さんは、韓国に 行った ことが ありますか。

田中　ええ。仕事で 何回か 行きました。

李　　じゃ、韓国語も 話せますか。

田中　いいえ、文字は 読めますけど、話せません。

李　　そうですか。韓国の 辛い 料理は 食べられますか。

田中　ええ。私は 辛い 食べ物が 大好きですから、
　　　いくら 辛くても 大丈夫です。

何回か 몇 번인가 | 話せる 말할 수 있다 | 読める 읽을 수 있다 | ～けど ～지만(けれども의 준말)
食べられる 먹을 수 있다 | いくら～て(で)も 아무리 ～(하)더라도, 아무리 ～(라)해도

 ❶ 가능형 ❷ ~に/くする ❸ いくら~て(で)も

会話 2 커피숍에서 🎧 TRACK 26

田中 明日の パーティー、何を 持って いったら いいですか。

李　 私が 全部 用意しますから、何も 持って こなくても いいですよ。

田中 じゃ、早く 行って、準備を 手伝いますよ。

李　 それは 助かります。その 前に 部屋を 掃除して、きれいに しなくては いけませんね。

用意する 준비하다 ｜ ~なくてもいい ~(하)지 않아도 좋다 ｜ 準備 준비 ｜ 助かる 도움이 된다
~にする ~로/게 하다, ~로/게 만들다

문법알기

❶ 동사 가능형

동사 가능형 만들기

1그룹동사	う단 → え단+る	書く → 書ける 買う → 買える 飲む → 飲める 話す → 話せる
2그룹동사	る → る̶+られる	見る → 見られる 起きる → 起きられる 食べる → 食べられる 寝る → 寝られる
3그룹동사	불규칙 활용	来る → 来られる する → できる

私は　漢字を　書きます。
　↓　　　↓　　　↓
私は　漢字が　書けます。

私は　韓国語が　話せます。

辛い　料理も　食べられます。

今日は　学校へ　行けません。

07 韓国の 辛い 料理は 食べられますか

❷ 명사 で／い형용사 くて／な형용사 で／동사 て형 て ＋ も
~(이)라도, ~해도, ~(하)더라도

日曜日でも 会社に 行きます。

薬は 苦くても 飲まなければ なりません。

嫌いでも 食べた 方が いいです。

雨が 降っても ハイキングに 行きます。

いくら 辛くても 大丈夫です。

❸ 동사 ない형 ＋ なくてもいい　~(하)지 않아도 된다

明日は 学校へ 行かなくても いいです。

何も 持って 来なくても いいです。

❹ 명사 に／い형용사 く／な형용사 に ＋ する
~로/게 하다, ~로/게 만들다

彼女は 息子を 医者に しました。

この 壁を 白く したいです。

部屋を きれいに して ください。

行ける 갈 수 있다 ｜ 苦い (약이) 쓰다 ｜ ハイキング 소풍 ｜ 壁 벽

구문 연습

■ 보기와 같이 바꿔 봅시다.

1

| 보기 | 韓国料理を 作る ➡ 韓国料理が 作れますか。 |

① お酒を 飲む → _____

② 一人で 着物を 着る → _____

③ 自転車に 乗る → _____

④ 車を 運転する → _____

2

| 보기 | 高い／買う ➡ 高くても 買います。 |

① 忙しい／パーティーに 出席する → _____

② 洗う／きれいに ならない → _____

③ 嫌いだ／食べなければ ならない → _____

④ 考える／答が わからない → _____

새로 나온 단어

着物 기모노, 옷 | 考える 생각하다 | 答 답

07 韓国の 辛い 料理は 食べられますか

3

보기 明日 学校へ 来る
→ **明日 学校へ 来**なくても いいです。

① 全部 食べる → ....
② 靴を 脱ぐ → ....
③ 今 決める → ....
④ 来る 前に 予約する → ....

4

보기 音／小さい → **音を 小さく** します。
教室／きれいだ → **教室を きれいに** します。

① 部屋／明るい

→ ....

② 問題／簡単だ

→ ....

③ 火／強い

→ ....

④ ケーキ／半分

→ ....

새로나온 단어

予約する 예약하다 | 音 소리 | 問題 문제 | 火 불 | 半分 반

회화 연습

■ 보기와 같이 역할을 바꿔 말해 봅시다.

🎧 TRACK 27

1

| 보기 | a. ケーキを 作る | b. 何回 やる |

A : Bさん、ªケーキが 作れますか。
B : ええ、ª作れます。Aさんは？
A : 私は ᵇ何回 やっても、上手に ª作れません。

① a. 英語を 話す　　　　　b. いくら 練習する
② a. ギターを ひく　　　　b. いくら 練習する
③ a. 一人で 着物を 着る　 b. 何回 やる

🎧 TRACK 28

2

| 보기 | a. 明日 | b. 学校へ 行く |

A : ª明日も ᵇ学校へ 行かなくては いけませんか。
B : いいえ、ᵇ行かなくても いいです。
A : じゃ、一緒に 買い物に 行きましょう。

① a. 日曜日　　　　　　　b. 勉強する
② a. 今日　　　　　　　　b. 早く 帰る
③ a. 明日　　　　　　　　b. サークルへ 行く

ギター 기타 | ギターをひく 기타를 치다

음식의 맛을 나타내는 표현은 각 나라의 문화나 환경에 따라 다양하게 나타납니다. 이러한 맛에 관한 표현을 일본어로 알아보고 자신이 좋아하는 음식과 그 맛에 대해 말해 봅시다.

おいしい／うまい 맛있다

まずい 맛없다

甘い 달다, 싱겁다
あま

辛い 맵다
から

塩辛い 짜다
しおから

苦い 쓰다
にが

酸っぱい 시다
す

味が濃い 맛이 진하다
あじ こ

味が薄い
あじ うす
맛이 싱겁다

あっさりしている
담백하다

さっぱりしている
개운하다

あぶらっこい
기름지다, 느끼하다

08 窓が 開いて いますね
창문이 열려 있네요

 会話 1　이주노 씨의 집에서　🎧 TRACK 29

田中　明るくて きれいな 部屋ですね。

李　　窓から 山が 見えるので、気に 入って います。

田中　あそこの 窓が 開いて いますね。

李　　さっき 掃除を した ときに、開けたんです。
　　　寒いですか。

田中　ええ。ちょっと 寒いんですが…。

李　　じゃ、窓を 閉めて、暖房を つけましょう。

 見える 보이다 ｜ 気に入る 마음에 들다 ｜ 開ける 열다 ｜ 閉める 닫다 ｜ 暖房 난방 ｜ つける (전기 등을) 켜다

 ❶ 자동사와 타동사 ❷ ~てある ❸ ~ておく

会話 2 — 이주노 씨의 집에서 TRACK 30

田中　飲み物を 買って きましょうか。

李　　飲み物は もう 買って ありますよ。

田中　ああ、ここに ありますね。冷蔵庫に 入れて おきましょうか。

李　　はい、お願い します。

田中　野菜も 冷蔵庫に しまいましょうか。

李　　いいえ、後で 使いますから、その ままに して おいて ください。

~てある ~해 두다, ~어 있다 | 入れる 넣다 | ~ておく ~해 두다 | しまう 안에 넣다, 간수하다 | 後で 나중에
そのまま 그대로

문법 알기

① 見える／聞こえる　보이다/들리다

窓から　山が　見えるので、気に　入って　います。

ここから　学校が　見えます。

隣の　部屋から　音が　聞こえます。

cf ここから　学校が　見られます。

　　ここで　最新曲が　聞けます。

② 자동사와 타동사

1 자동사

雨が　降ります。

先生が　学生と　話します。

李さんが　友だちに　会います。

cf 道を　渡ります。

　　家を　出ます。

● 조사 を를 쓰지만 자동사인 동사 ●

渡る(건너다), 歩く(걷다), 通る(통과하다), 飛ぶ(날다), 越える(넘다)

登る(오르다), 出る(나오다), 離れる(떠나다), 卒業する(졸업하다)

2 타동사

窓を 閉めて、暖房を つけましょう。

弟が ご飯を 食べます。

③ 동사 て형 + てある ~어 있다

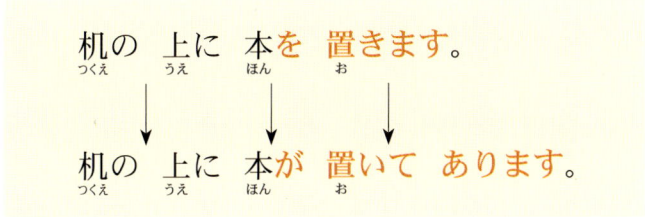

部屋が 片付けて あります。

玄関に 花が 飾って あります。

④ 동사 て형 + ておく ~해 두다

冷蔵庫に 入れて おきましょうか。

新幹線の 切符を 買って おきました。

後で 使いますから、その ままに して おいて ください。

聞こえる 들리다 | 最新曲 최신곡 | 置く 두다, 놓다 | 片付ける 치우다, 정리하다 | 玄関 현관 | 飾る 장식하다
新幹線 신칸센

문법알기

5 ている／てある／ておく 표현

1 ている／てある

窓(まど)が 閉(し)まって います。 `자동사+ている`

窓(まど)が 閉(し)めて あります。 `타동사+てある`

2 てある／ておく

暑(あつ)いから、窓(まど)を 開(あ)けて あります。

暑(あつ)いから、窓(まど)を 開(あ)けて おきます。

閉(し)まる 닫히다

자동사와 타동사의 대응

유형	자동사	타동사
–aru/–eru	上(あ)がる 오르다 集(あつ)まる 모이다 決(き)まる 정해지다 下(さ)がる 내리다(내려가다) 閉(し)まる 닫히다 止(と)まる 서다 始(はじ)まる 시작되다 かかる 걸리다	上(あ)げる 올리다 集(あつ)める 모으다 決(き)める 정하다 下(さ)げる 낮추다(떨어뜨리다) 閉(し)める 닫다 止(と)める 세우다 始(はじ)める 시작하다 かける 걸다
–iru/–osu	起(お)きる 일어나다 落(お)ちる 떨어지다	起(お)こす 일으키다 落(お)とす 떨어뜨리다
–u/–eru	開(あ)く 열리다 付(つ)く 붙다 続(つづ)く 계속되다 並(なら)ぶ 늘어서다	開(あ)ける 열다 付(つ)ける 붙이다 続(つづ)ける 계속하다 並(なら)べる 늘어놓다
–eru/–asu	出(で)る 나오다 燃(も)える 타다	出(だ)す 내다(내놓다) 燃(も)やす 태우다
–eru/–u	切(き)れる 끊어지다 焼(や)ける 타다 割(わ)れる 깨지다	切(き)る 끊다 焼(や)く 태우다 割(わ)る 깨다
–oru/–osu	直(なお)る 고쳐지다	直(なお)す 고치다
–reru/–su	流(なが)れる 흐르다 壊(こわ)れる 부서지다 汚(よご)れる 더러워지다 倒(たお)れる 쓰러지다	流(なが)す 흘리다 壊(こわ)す 부수다 汚(よご)す 더럽히다 倒(たお)す 쓰러뜨리다
예외	入(はい)る 들어가다 消(き)える 꺼지다 なる 되다	入(い)れる 넣다 消(け)す 끄다 する 하다

구문 연습

■ 보기와 같이 바꿔 봅시다.

1

| 보기 | ドアが 開く ― ドアを （ **開ける** ） |

① エアコンが （　　　　） ― エアコンを つける

② 車が （　　　　）　　　 ― 車を 止める

③ 犬が 外に 出る　　　　 ― 犬を 外に （　　　　　）

④ ビルが 壊れる　　　　　― ビルを （　　　　　　）

2

| 보기 | 窓が 開く ➡ 窓が 開いて います。 |

① 電気が 消える

→ _____

② テレビが つく

→ _____

③ 椅子が 倒れる

→ _____

④ テーブルが 汚れる

→ _____

ドア 문 ｜ エアコン 에어컨 ｜ 止める 세우다 ｜ ビル 빌딩 ｜ 電気 전깃불 ｜ つく (전기 등이) 켜지다

3 보기 窓を 閉める ➡ **窓が 閉めて あります。**

① 電気を つける → _____

② テレビを 消す → _____

③ 椅子を 並べる → _____

④ 花を 置く → _____

4 보기 部屋を 掃除する ➡ **部屋を 掃除して おきます。**

① コップを 洗う

　→ _____

② 料理を 作る

　→ _____

③ 本に 名前を 書く

　→ _____

④ 飛行機を 予約する

　→ _____

회화 연습

■ 보기와 같이 역할을 바꿔 말해 봅시다.

TRACK 31

1

| 보기 | a. ドアが 開く | b. 開ける |

A: あ、ªドアが 開いて いますよ。
B: ええ、さっき 私が ᵇ開けたんです。
A: ああ、そうですか。

① a. テレビが つく　　　　b. つける
② a. 電気が 消える　　　　b. 消す
③ a. お皿が 出る　　　　　b. 出す

TRACK 32

2

| 보기 | a. 果物を 切る | b. 冷蔵庫に 入れる |

A: 何を 手伝いましょうか。
B: ええと、ª果物を 切って くれますか。
A: ª果物は もう ª切って ありますよ。
B: じゃ、ᵇ冷蔵庫に 入れて おいて ください。

① a. コップを 出す　　　　　b. お皿を 並べる
② a. 地図を 書く　　　　　　b. そこに 貼る
③ a. 書類を コピーする　　　b. テーブルの 上に 置く

お皿 접시 | 地図 지도 | 貼る 붙이다 | 書類 서류 | コピーする 복사하다

집의 구조는 각 나라마다 다양한 모습을 하고 있습니다. 일본 집의 구조를 이루고 있는 부분들의 명칭을 알아보고 어디에 무엇이 있는지에 관해「てある」를 활용하여 말해 봅시다.

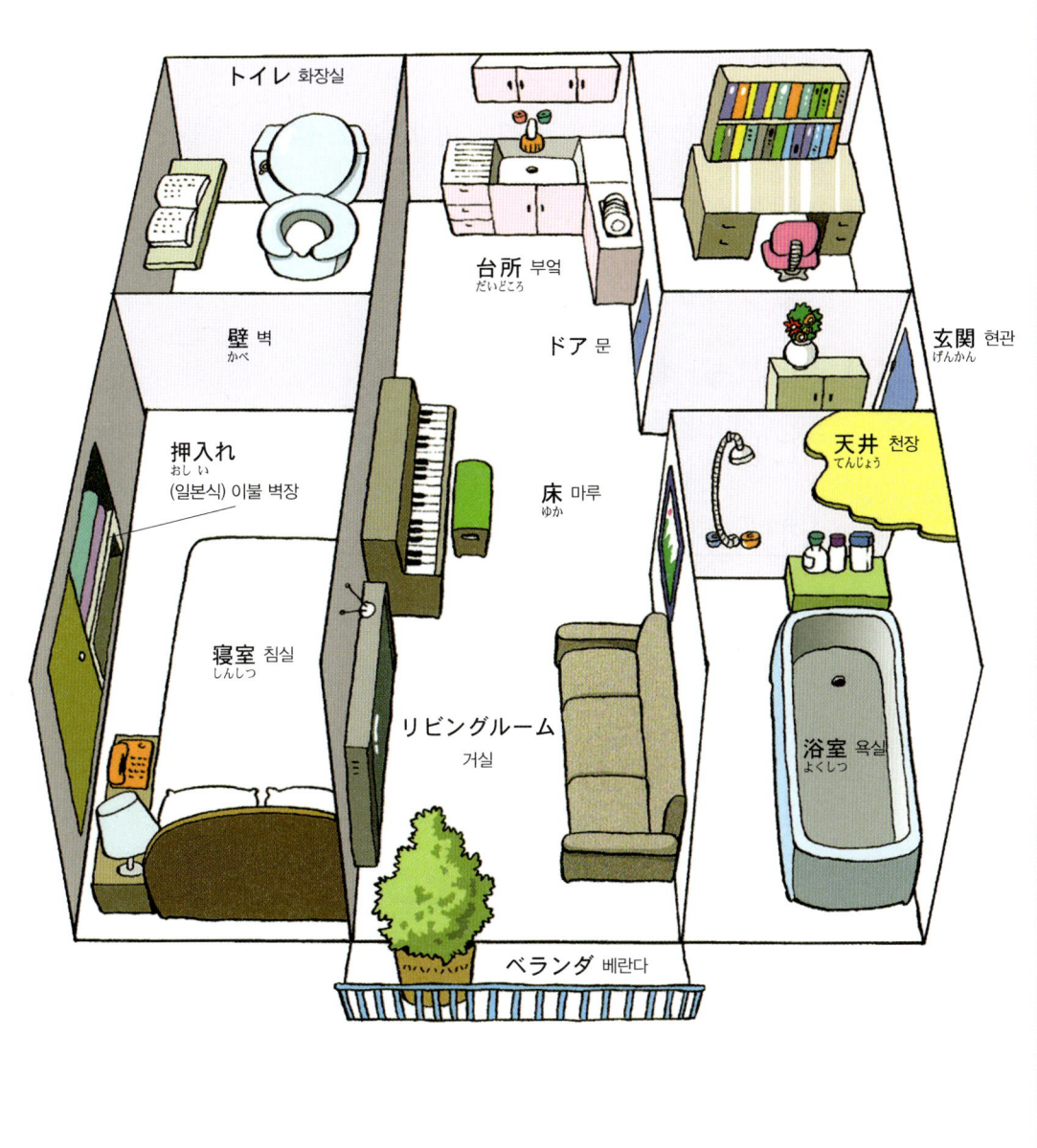

09 | 少し 遅れて 来るそうです

조금 늦게 온다고 합니다

会話 1 이주노 씨 집에서  TRACK 33

李 いらっしゃい。あれ、小田さんは？

木村 用事が あって、少し 遅れて 来るそうです。

李 そうですか。

木村 どれも おいしそうですね。

これは 何と いう 料理ですか。

李 キムチチゲです。おいしいか どうか 食べて みて ください。

 새로나온 단어

いらっしゃい 잘 오셨습니다(いらっしゃいました의 준말) | あれ 어? | ～そうだ(遅れて来るそうです) ～라고 하다
～そうだ(おいしそうです) ～일 것 같다 | ～という ～(이)라고 하는 | キムチチゲ 김치찌개
～かどうか ～일지 어떨지

학습포인트 ① ～そうだ ② ～かどうか ③ ～か

会話 2 — 이주노 씨 집에서 TRACK 34

木村（きむら）　ちょっと 辛（から）いですが、おいしいですね。
　　　　　　　どうやって 作（つく）るんですか。

李（イ）　簡単（かんたん）ですよ。キムチや 豚肉（ぶたにく）、玉（たま）ねぎ などを
　　　　入（い）れて 煮（に）るだけです。

木村（きむら）　そうですか。じゃ、私（わたし）にも できそうですね。

李（イ）　小田（おだ）さん、遅（おそ）いですね。

木村（きむら）　今（いま） どこに いるか 電話（でんわ）して みましょう。

새로나온 단어

豚肉（ぶたにく） 돼지고기 ｜ 玉ねぎ（たまねぎ） 양파 ｜ 煮る（にる） 삶다, 조리다, 끓이다 ｜ ～か(どこにいるか) ～는지

문법알기

❶ そうだ

1 전문 – 보통체형 + そうだ ~라고 하다

彼は 先生だそうです。

あの 店は 料理が おいしいそうです。

北海道は とても きれいだそうです。

小田さんは 用事が あって 少し 遅れて 来るそうです。

天気予報に よると、明日は 雨が 降るそうです。

2 양태 – い형용사 い/ な형용사 だ/ 동사 ます형 + そうだ

　　~인(한) 것 같다, ~인(한) 듯하다

どれも おいしそうですね。

この 機械は 便利そうです。

A: 空が くもって いますね。

B: 今にも 雨が 降りそうです。

cf　彼は 頭が よさそうです。

　　今日の 田中さんは 元気が なさそうです。

　　× 彼は 学生そうです。

09 少し 遅れて 来るそうです

❷ 명사 + という + 명사 ~(이)라는

これは 何と いう 料理ですか。

教師と いう 仕事は 大変です。

❸ 보통체형 + かどうか (단, 명사・な형용사 だ + かどうか)

~일지 어떨지

おいしいか どうか 食べて みて ください。

母が 元気か どうか 心配です。

田中さんが 来るか どうか 知って いますか。

❹ 의문사 + 보통체형 + か (단, 명사・な형용사 だ + か) ~인지

誕生日の プレゼントは 何が いいか 考えて ください。

あの 店が どうして 有名か わかりません。

今 どこに いるか 電話で 聞いて みましょう。

天気予報 일기예보 | ~によると ~에 의하면 | 機械 기계 | 空 하늘 | くもる 흐리다 | 教師 교사

구문 연습

■ 보기와 같이 바꿔 봅시다.

1 　보기　明日は 天気が いいです ➡ 明日は 天気が いい そうです。

① あの 人は 結婚して います → ＿＿＿＿＿＿＿＿＿＿＿＿＿＿

② 朴さんは 野菜が 嫌いです → ＿＿＿＿＿＿＿＿＿＿＿＿＿＿

③ 明日は 授業が ありません → ＿＿＿＿＿＿＿＿＿＿＿＿＿＿

④ 金さんに 赤ちゃんが 生まれました → ＿＿＿＿＿＿＿＿＿＿＿

2 　보기　この 映画は おもしろいです
➡ この 映画は おもしろそうです。

① 木村さんは 今 暇です

→ ＿＿＿＿＿＿＿＿＿＿＿＿＿＿＿＿＿＿＿＿＿＿＿＿＿＿

② その かばんは 重いです

→ ＿＿＿＿＿＿＿＿＿＿＿＿＿＿＿＿＿＿＿＿＿＿＿＿＿＿

③ もうすぐ 雨が やみます

→ ＿＿＿＿＿＿＿＿＿＿＿＿＿＿＿＿＿＿＿＿＿＿＿＿＿＿

④ 金さんが 授業に 遅れます

→ ＿＿＿＿＿＿＿＿＿＿＿＿＿＿＿＿＿＿＿＿＿＿＿＿＿＿

새로나온 단어

赤ちゃん 아기 | 生まれる 태어나다 | やむ 그치다

3

보기 おいしいです／食べて みます
→ **おいしいか どうか 食べて みます。**

① 店が 休みです／調べて みましょう →
② 李さんが 来ます／わかりますか   →
③ 明日 晴れます／わかりません   →
④ 会議が 終わりました／聞いて ください →

4

보기 本は どこに ありますか／わかりません
→ **本は(が) どこに あるか、わかりません。**

① 何が 食べたいですか／言って ください
→

② 今日 何時に 会いますか／忘れて しまいました
→

③ 金さんは どんな 人ですか／知りません
→

④ 李さんは どこへ 行きましたか／わかりますか
→

새로 나온 단어

晴れる 맑다, (하늘이) 개다

회화 연습

■ 보기와 같이 역할을 바꿔 말해 봅시다.

TRACK 35

1

| 보기 | a. 服(ふく) | b. 高(たか)い |

A: その ａ服(ふく)、ｂ高(たか)そうですね。
B: そうですか。
　　でも、あまり ｂ高(たか)く ないんです。
A: 本当(ほんとう)ですか。けっこう ｂ高(たか)そうに 見(み)えます
　　けど…。

① a. かばん　　　　　b. 重(おも)い
② a. 電子辞書(でんしじしょ)　　b. 便利(べんり)だ
③ a. パソコン　　　　b. いい

TRACK 36

2

| 보기 | a. 食事(しょくじ) | b. 何(なに)を 食(た)べる | c. 駅前(えきまえ)の 店(みせ)が おいしい |

A: ａ食事(しょくじ)、ｂ何(なに)を 食(た)べるか 決(き)めましたか。
B: いいえ、まだです。
A: ｃ駅前(えきまえ)の 店(みせ)が おいしい そうですよ。

① a. 旅行(りょこう)　　b. どこへ 行(い)く　　c. 今(いま) 京都(きょうと)で 祭(まつ)りを やって いる
② a. 会議(かいぎ)　　　b. いつに する　　　　c. 田中(たなか)さんは 金曜日(きんようび)が いい
③ a. プレゼント　　　 b. 何(なに)を 買(か)う　 c. 彼女(かのじょ)は 花(はな)が 好(す)きだ

駅前(えきまえ) 역 앞 ｜ 祭(まつ)り 축제

음식 문화는 각 나라의 역사적·문화적 여건에 따라 그 특징이 다르게 나타납니다. 한국과 일본은 지리적으로 가깝지만 음식 문화에서는 큰 차이를 보입니다. 한국 음식의 조리법에 대하여 일본어로 어떻게 표현하는지 알아봅시다.

切る 자르다
き

刻む 잘게 썰다
きざ

混ぜる 섞다
ま

擦る 으깨다, 빻다
す

むく 벗기다

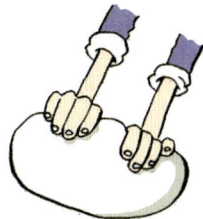
こねる 반죽하다, 이기다

焼く 굽다
や

炒める 지지다, 볶다
いた

煮る 삶다, 끓이다, 졸이다
に

茹でる 데치다, 삶다
ゆ

沸かす (물을) 끓이다
わ

揚げる 기름에 튀기다
あ

蒸す 찌다
む

おろす 갈다

つぶす 으깨다

漬ける 담그다
つ

89

10 今日は 休みのようです
오늘은 휴일인 것 같습니다

会話 1  🎧 TRACK 37

李　　　すみません。中華街に 行きたいんですが、
　　　　どこで 降りれば いいですか。

通行人　中華街へ 行くなら、元町駅で 降りると
　　　　いいですよ。

李　　　そうですか。降りたら すぐ わかりますか。

通行人　2番出口の 近くに 案内所が ありますから、
　　　　そこで 聞けば いろいろと 教えて くれます。

中華街 중화거리 | 降りる 내리다 | ～ば ～(하)면 | ～なら ～(이)라면 | 元町駅 모토마치역 | 出口 출구
案内所 안내소

 ① ～ば(가정) ② ～ようだ ③ ～やすい／にくい

会話 2 요코하마의 중화거리에서 TRACK 38

李　　この へんに おいしい 店が あると 聞いたんですが。

木村　この 地図、わかりにくいですね…。

　　　あっ、この 店じゃ ありませんか。

李　　ああ、そうです。でも、中が 暗いですね。

　　　今日は 休みのようです。

木村　残念ですね。ほかの 場所を さがしましょうか。

李　　あの 店、人が たくさん 並んで いますよ。

木村　人気が あるようですから、あの 店に しましょう。

 ～にくい ~하기 어렵다 | あっ 앗 | ～ようだ ~인 것 같다 | 残念だ 유감이다 | ほか 다른 것 | 場所 장소
さがす 찾다 | ～にする ~(하)기로 하다

문법 알기

1. 〜ば 〜(하)면

동사	1그룹동사	う단 → え단+ば	書く → 書けば 買う → 買えば 飲む → 飲めば 話す → 話せば
	2그룹동사	る → る+れば	見る → 見れば 食べる → 食べれば
	3그룹동사	불규칙 활용	来る → 来れば する → すれば
い형용사		い → い+ければ	おいしい → おいしければ 高い → 高ければ cf よい(いい) → よければ
な형용사		だ → だ+なら(ば)	好きだ → 好きなら(ば) 便利だ → 便利なら(ば)
명사		명사+なら(ば)	社員 → 社員なら(ば)

どこで 降りれば いいですか。

忙しければ やらなくても いいです。

今日が 無理なら(ば) 明日までに 出して ください。

8時なら(ば) 家に います。

cf × 日本へ 行けば、連絡して ください。

❷ 보통체형 + なら (단, 명사・な형용사 だ + なら) ~(이)라면

A : 中華街に 行きたいんですが。
B : 中華街なら、ここから 3番目の 駅です。
A : 電気製品が 買いたいんですが、どこか いい ところは ありませんか。
B : 電気製品を 買うなら、秋葉原が いいですよ。

❸ 동사 ます형 + やすい／にくい ~하기 쉽다/어렵다

この 機械は 使いやすいです。

この パソコンは 使いにくいです。

この 服は 汚れやすいです。

この カーテンは 燃えにくいです。

~番目 ~번째 ｜ 電気製品 전기제품 ｜ カーテン 커튼

문법알기

❹ 보통체형 + ようだ (단, 명사 の／な형용사 な + ようだ)
~인(한) 것 같다, ~인(한) 듯하다

今日は 休みのようです。

明日は 寒いようです。

田中さんは 魚が きらいなようです。

彼は 今日 休むようです。

李さんが 今 着いたようです。

ようだ와 そうだ(양태) 표현

	ようだ	そうだ
명사	休みのようだ	
い형용사	おいしいようだ	おいしそうだ
な형용사	便利なようだ	便利そうだ
동사	降るようだ	降りそうだ

この クッキーは おいしいようです。

この クッキーは おいしそうです。

❺ 명사 + にする ~로 하다, ~로 하겠다

人気が あるようですから、あの 店に しましょう。

A : 何を 食べますか。
B : 私は カレーライスに します。

魚 생선, 물고기 | クッキー 쿠키 | カレーライス 카레라이스

구문 연습

■ 보기와 같이 바꿔 봅시다.

1

> 一生懸命　練習する／日本語が　上手に　なる
> ➡ 一生懸命　練習すれば、日本語が　上手に　なります。

① 田中さんに　聞く／電話番号が　わかる

　→ _____

② セーターを　着る／寒く　ない

　→ _____

③ 天気が　いい／ここから　山が　見える

　→ _____

④ 今日　できない／明日でも　いい

　→ _____

2

> 佐藤さんは　最近　忙しいです
> ➡ 佐藤さんは　最近　忙しいようです。

① 木村さんは　出かけて　います　→ _____

② 李さんは　料理が　上手です　→ _____

③ あの　人は　お金持ちです　→ _____

④ どこかで　事故が　ありました　→ _____

새로나온 단어

一生懸命 열심히　｜　お金持ち 부자

10 今日は 休みのようです

3 보기 この 靴は はきやすいですか。 ➡ はい、はきやすいです。
　　　　　　　　　　　　　　　　　　　いいえ、はきにくいです。

① この 町は 住みやすいですか。　→ _____

② この 本は 読みやすいですか。　→ _____

③ 日本人の 名前は 覚えやすいですか。 → _____

④ この ペンは 書きやすいですか。　→ _____

4 보기 パーティーを する／あの レストランが いい
　　➡ パーティーを するなら、あの レストランが いいですよ。

① 電気製品を 買う／秋葉原が 安い
　→ _____

② 温泉に 行く／箱根が いい
　→ _____

③ 映画を 見る／席を 予約した 方が いい
　→ _____

④ 使い方が わからない／山田さんに 聞くと いい
　→ _____

ペン 펜 ｜ 温泉 온천 ｜ 箱根 하코네(지명)

회화 연습

■ 보기와 같이 역할을 바꿔 말해 봅시다.

TRACK 39

1

| 보기 | a. 日本語が 上手に ならない　　b. 日本人の 友だちを 作る |

A : なかなか ａ日本語が 上手に ならなくて、困って いるんです。

B : ｂ日本人の 友だちを 作れば、ａ上手に なりますよ。

① a. 漢字が 覚えられない　　b. 日本語の 新聞を 読む
② a. 発音が よく ならない　　b. 毎日 CDを 聞く
③ a. やせない　　b. 毎日 運動する

TRACK 40

2

| 보기 | a. 最近 うれしそうです　　b. 恋人が できた |

A : Cさん ａ最近 うれしそうですね。

B : ええ、どうも ｂ恋人が できたようですね。

A : 今度 聞いて みましょうか。

① a. 最近 あまり 食べません　　b. ダイエットを して いる
② a. あまり 飲みに 行きません　　b. お酒が 嫌いだ
③ a. 最近 寂しそうです　　b. ホームシック

なかなか 좀처럼 ｜ 発音 발음 ｜ やせる 살이 빠지다, 야위다 ｜ うれしい 기쁘다 ｜ 恋人 연인
どうも 아무래도 ｜ ダイエット 다이어트 ｜ ホームシック 향수병

우리나라와 마찬가지로 일본에도 마을마다 크고 작은 상점가가 있습니다. 어떤 물건을 사고 싶은지를 말하고, 그 물건이라면 어디서 사는 것이 좋은지 말해 봅시다.

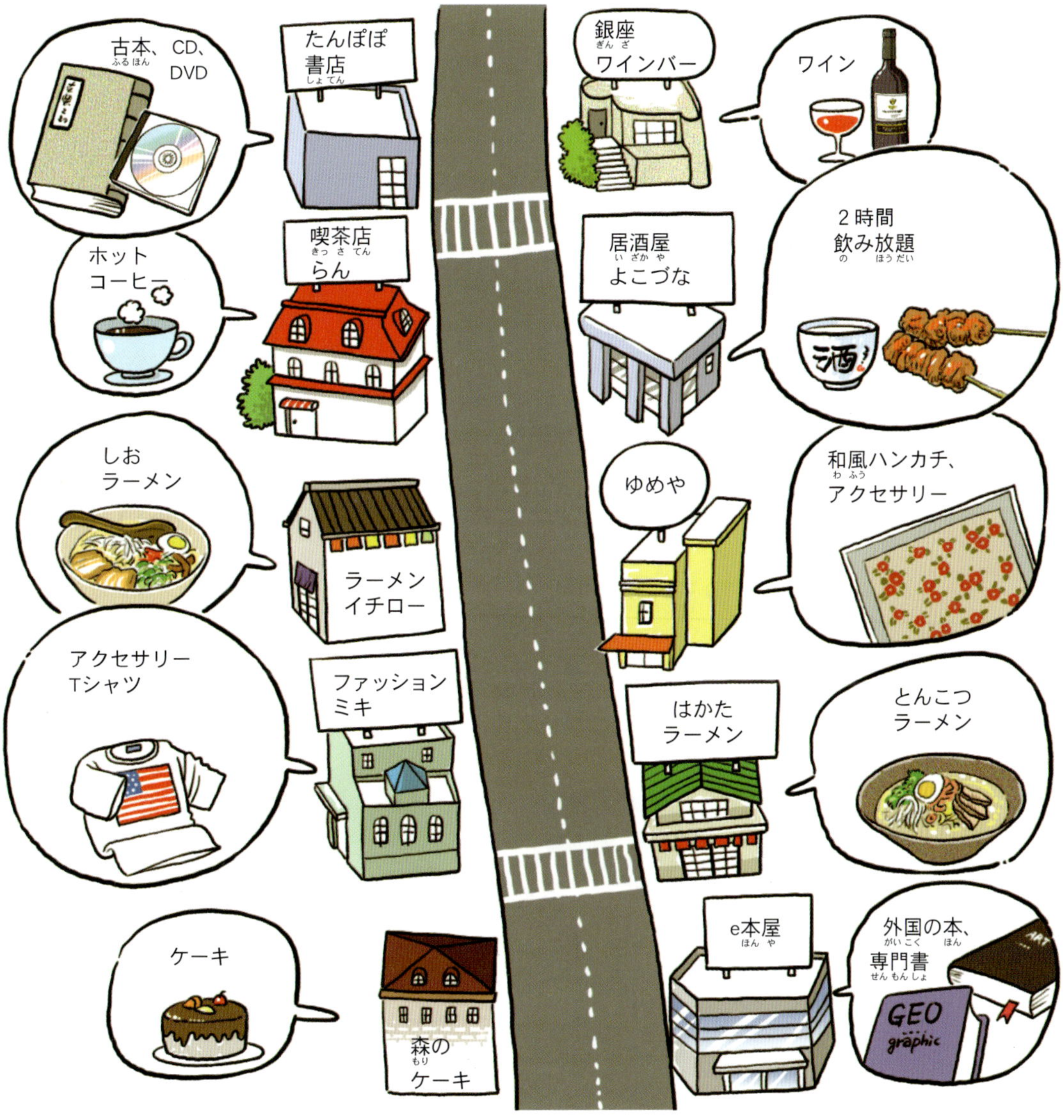

11 一緒に 旅行を する つもりです

같이 여행을 할 생각입니다

会話 1  공원에서 🎧 TRACK 41

李　　もうすぐ 連休ですね。

　　　田中さんは 何か 予定が ありますか。

田中　ええ。家族と キャンプに 行く 予定です。

　　　李さんは？

李　　韓国から 友だちが 来るので、一緒に 旅行を

　　　する つもりです。

田中　そうですか。それは 楽しみですね。

連休 연휴 ｜ **キャンプ** 캠프 ｜ **つもり** 생각, 작정

 ❶ ～つもりだ／予定だ ❷ 의지형 ❸ ～(よ)うと思う

 공원에서 🎧 TRACK 42

李 友だちが 温泉に 行きたいらしいんですが、
　　どこか いい 所を 教えて くださいませんか。

田中 温泉ですか…。ああ、箱根は どうですか。

李 箱根ですか。いいですね。一度 行って みたいと
　　思って いたんです。

田中 実は、私たちも 箱根に 行こうと 思って いるんです。
　　よかったら 車で 一緒に 行きませんか。

～らしい ～인 것 같다, ～(이)라고 하다 ｜ ～てくださいませんか ～해 주시지 않겠습니까?
～(よ)うと思っている ～(하)려고 생각하고 있다

문법 알기

❶ 동사 사전형 + つもりだ ~할 생각이다, ~할 작정이다

一緒に 旅行を する つもりです。
いっしょ　りょこう

来年 アメリカへ 行く つもりです。
らいねん　　　　　　　い

夏休みに アルバイトを する つもりです。
なつやす

❷ 동사 의지형

동사 의지형 만들기

1그룹동사	う단 → お단+う	書く → 書こう か　　　か 買う → 買おう か　　　か 遊ぶ → 遊ぼう あそ　　あそ 乗る → 乗ろう の　　　の 話す → 話そう はな　　はな
2그룹동사	る → ~~る~~ +よう	見る → 見よう み　　　み 食べる → 食べよう た　　　　た
3그룹동사	불규칙 활용	来る → 来よう く　　　こ する → しよう

A : 一緒に 行かない？(一緒に 行きませんか。) [권유]
　　いっしょ　い　　　　いっしょ　い
B : うん、行こう。(はい、行きましょう。)
　　　　　い　　　　　　　　い

A : 映画 見ない？
　　えいが　み
B : うん、見よう。
　　　　　み

明日から 勉強しよう。 [의지]
あした　　べんきょう

もっと 頑張ろう。
　　　　がんば

11 一緒に 旅行を する つもりです

❸ 동사 의지형 + と思う　～(하)려고 하다

お昼は　うどん定食に　しようと　思います。

私たちも　箱根に　行こうと　思います。

私は　日本へ　留学しようと　思って　います。

❹ 보통체형 + らしい (단, 명사・な형용사 だ + らしい)

～인(한) 것 같다, ～라고 하다

彼は　どうも　独身らしいです。

韓国は　今　とても　寒いらしいです。

金さんの　彼女は　きれいらしいです。

友だちが　温泉へ　行くらしいです。

❺ 동사 て형 + てくださいませんか　～해 주시지 않겠습니까?

どこか　いい　ところを　教えて　くださいませんか。

ちょっと　手伝って　くださいませんか。

駅の　名前を　書いて　くださいませんか。

頑張る 분발하다 | お昼 점심 | うどん 우동 | 定食 정식 | 独身 독신

103

구문 연습

■ 보기와 같이 바꿔 봅시다.

1 [보기] 一緒に 行く ➡ A：一緒に 行かない？
　　　　　　　　　　 B：うん、行こう。

① 一緒に 食べる → ....
② ちょっと 休む → ....
③ 田中さんも 誘う → ....
④ 先生に 聞いて みる → ....

2 [보기] 今晩は 寝ないで 勉強します
　　　　➡ 今晩は 寝ないで 勉強する つもりです。

① 恋人と 別れます → ....
② これからも 勉強を 続けます → ....
③ もう ここには 来ません → ....
④ 結婚しても 仕事を やめません → ....

誘う 권유하다, 꾀다 | **別れる** 헤어지다

11 一緒に 旅行を する つもりです

3

> 보기　夏休みに 北海道に 行く
> ➡ 夏休みに 北海道に 行こうと 思って います。

① 週末は ゆっくり 休む
→ _____

② 来年 日本に 留学する
→ _____

③ 新しい 車を 買う
→ _____

④ 今晩 旅行の 計画を 立てる
→ _____

4

> 보기　李さんは 温泉に 行きたいです
> ➡ 李さんは 温泉に 行きたいらしいです。

① 小田さんは 辛い 料理が 好きです → _____

② 明日から 寒く なります → _____

③ 朴さんは お酒が 飲めません → _____

④ 昨日 東京で 雪が 降りました → _____

회화 연습

■ 보기와 같이 역할을 바꿔 말해 봅시다.

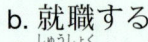 TRACK 43

1

보기	a. アメリカに 留学する　　b. 就職する

A : 大学を 卒業したら、どうするんですか。
B : ᵃアメリカに 留学しようと 思って います。
　　Aさんは？
A : 私は ᵇ就職する つもりです。

① a. 韓国に 帰る　　　　　　　　b. 教師に なる
② a. 韓国で 日本語を 教える　　　b. 大学院に 行く
③ a. 父の 仕事を 手伝う　　　　　b. 結婚する

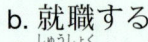 TRACK 44

2

보기	a. 金さんが 結婚する　　b. 朴さんから 聞きました

A : ᵃ金さんが 結婚するらしいですね。
B : えっ、本当ですか。
A : ええ。今朝 ᵇ朴さんから 聞きました。

① a. 明日 雪が 降る　　　　　　　b. ニュースで 言って いました
② a. 今日の 授業は 休講　　　　　b. 小田さんから 聞きました
③ a. 昨日 近くで 火事が あった　　b. 新聞で 見ました

새로나온 단어

就職する 취직하다 | 大学院 대학원 | 今朝 오늘 아침 | 休講 휴강 | 火事 불, 화재

일본은 홋카이도, 혼슈, 시코쿠, 규슈 등 4개의 큰 섬으로 이루어져 있습니다. 남북으로 길게 늘어져 있어 기후의 지역적 차이가 큰 것이 특징입니다. 일본의 대표적인 도시와 그 지역의 특산물에 관해 알아봅시다.

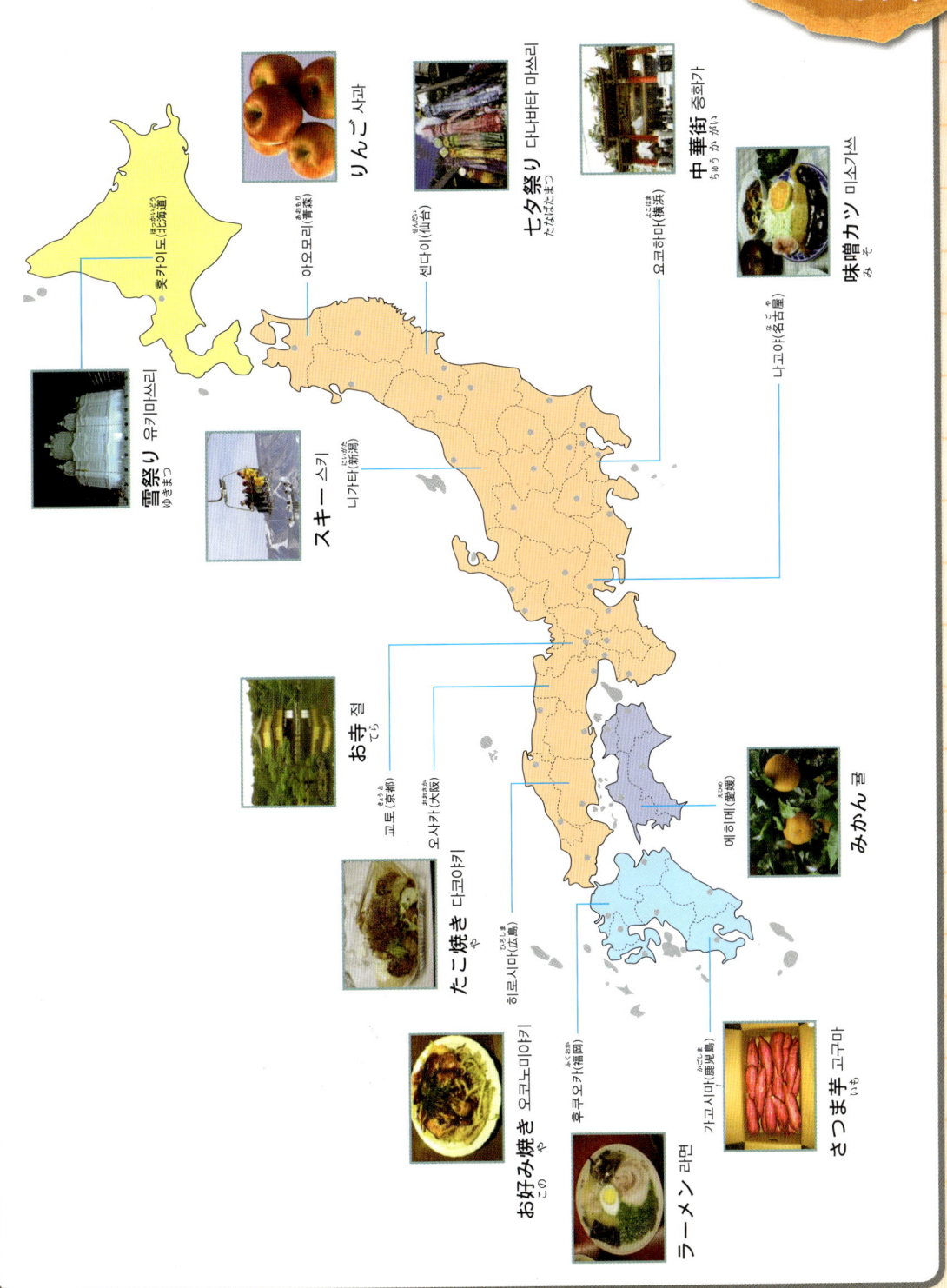

12 できるだけ 日本語で 話すように して います

가능한 한 일본어로 말하려고 합니다

会話 1

거리에서 🎧 TRACK 45

佐藤　李さん、日本での 生活には すっかり 慣れましたか。

李　　はい。日本に 来て 1年も 経つので、大分 慣れました。

佐藤　もう、一人で どこにでも 行けるように なりましたか。

李　　ええ。このごろは 自転車とか 電車で、あちこち 出かけて います。

새로 나온 단어

生活 생활 | すっかり 완전히 | 慣れる 익숙해지다 | 〜も 〜이나 | 経つ 지나다, 경과하다 | 大分 상당히, 꽤 | 〜ようになる 〜(하)게 되다 | このごろ 요즘, 최근 | 〜とか 〜라든가, 〜라든지 | あちこち 여기저기

 학습포인트 ❶ ～ようになる／ようにする ❷ 의문사 + でも ❸ ～でしょう

会話 2 — 거리에서 🎧 TRACK 46

佐藤　李さん、日本語の 勉強は がんばって いますか。

李　　はい。毎日 必ず 3時間は 勉強するように して います。

佐藤　友だちも たくさん できたでしょうね。

李　　ええ。日本人だけじゃ なくて、いろいろな 国の 友だちが できました。

佐藤　外国人の 友だちとも 日本語で 話して いるんですか。

李　　はい。できるだけ 日本語で 話すように して います。

새로나온 단어

必ず 꼭, 반드시 ｜ ～ようにする ～(하)도록 하다 ｜ ～でしょう ～겠지요? ｜ ～だけじゃなくて ～뿐만 아니라
外国人 외국인 ｜ できるだけ 가능한 한

문법알기

❶ 수량사 + も ~이나

日本に 来て 1年も 経つので、大分 慣れました。

今日は コーヒーを 3杯も 飲みました。

雨が 一週間も 降りました。

❷ 동사 사전형 + ようになる ~(하)게 되다

新聞も 読めるように なりました。

私は 納豆が 食べられるように なりました。

A : 漢字が 書けるように なりましたか。
B : いいえ、まだ 書けません。

❸ 의문사 + でも ~(이)라도, ~든지

どこ(に)でも 行けるように なりました。

誰でも 知って いる ことです。

いつでも 遊びに 来て ください。

4 동사 사전형 + ようにする(ようにしている)
~하려고 하다(~하도록 하고 있다)

毎日、必ず 3時間は 勉強するように して います。

夜 遅くには 食べないように して います。

約束の 時間に 遅れないように して ください。

5 명사 + とか ~라든가, ~라든지

このごろは 自転車とか 電車で、あちこち 出かけて います。

スポーツは 野球とか 水泳が 好きです。

6 보통체형 + でしょう ~일 겁니다, ~겠지요

明日 雨が 降るでしょう。(↘)

A: 明日は 小田さんも 一緒に 行くでしょう。(↗)
B: はい、行きます。

納豆 낫토 | 遅く 늦게 | ~ないようにしている ~(하)지 않도록 하고 있다

구문 연습

■ 보기와 같이 바꿔 봅시다.

1 보기
日本語の 新聞が 読めます
➡ 日本語の 新聞が 読めるように なりました。

① 日本料理が 作れます　　→ _____
② 日本語で メールが 書けます　→ _____
③ 家で インターネットが できます →　_____
④ 日本語の ニュースが わかります →　_____

2 보기
できるだけ 日本語で 話します
➡ できるだけ 日本語で 話すように して います。

① 野菜を たくさん 食べます　　→ _____
② お酒を あまり 飲みません　　→ _____
③ 授業の あとで 復習します　　→ _____
④ できるだけ テレビを 見ません → _____

새로나온 단어

復習する 복습하다

12 できるだけ 日本語で 話すように して います

3 보기 明日は 雨が 降ります ➡ 明日は 雨が 降るでしょう。

① 薬を 飲めば すぐ 治ります
   → _____

② 金さんは たぶん 来ません
   → _____

③ きっと また 会えます
   → _____

④ 一人で やる のは 無理です
   → _____

4 보기 何を 食べる ➡ A：何を 食べましょうか。
                    B：私は 何でも いいです。

① いつ 行く → _____
② 誰を 呼ぶ → _____
③ どこへ 行く → _____
④ 何時に 会う → _____

새로 나온 단어

治る 치료되다, 낫다 | また 또, 다시

회화

■ 보기와 같이 역할을 바꿔 말해 봅시다.

🎧 TRACK 47

1

| 보기 | a. 漢字が 読める |

A: Bさん、ᵃ漢字が 読めますか。
B: いいえ、まだ ᵃ読めません。早く ᵃ読める ように なりたいです。

① a. 日本料理が 作れる
② a. 日本語の ニュースが わかる
③ a. １００メートル 泳げる

🎧 TRACK 48

2

| 보기 | a. テスト　　　　　b. 漢字で 書く |

A: 先生、ᵃテストの とき、ᵇ漢字で 書いた 方が いいですか。
B: そうですね。できるだけ ᵇ漢字で 書く ように して ください。

① a. 授業　　　　　　　　b. 日本語で 話す
② a. パーティー　　　　　b. 早く 来る
③ a. 発表　　　　　　　　b. 韓国語を 使わない

メートル 미터(거리) ｜ 発表 발표

예부터 날씨는 우리의 일상생활과 밀접한 관련을 가지고 있습니다. 어떤 계획을 세울 때 날씨는 매우 중요합니다. 일본어로 날씨와 관련된 단어를 알아보고 「〜でしょう」표현을 활용하여 말해 봅시다.

晴れ 맑음
は

曇り 흐림
くも

雨 비
あめ

雪 눈
ゆき

暑い 덥다
あつ

暖かい 따뜻하다
あたた

寒い 춥다
さむ

涼しい 시원하다
すず

台風 태풍
たいふう

霧 안개
きり

雷が鳴る 천둥이 치다
かみなり な

雨が降る／雨がやむ
あめ ふ　　あめ
비가 내리다 / 비가 그치다

風が吹く／風が強い
かぜ ふ　　かぜ つよ
바람이 불다 / 바람이 세다

梅雨に入る／梅雨が明ける
つゆ はい　　つゆ あ
장마에 들어가다 / 장마가 끝나다

13 雨に 降られて、ぬれて しまったんですよ

비를 맞아서 젖어 버렸어요

会話 1 대학 캠퍼스에서 　TRACK 49

李　　どうしたんですか。元気が ないですね。

木村　昨日 姉に 怒られたんです。

李　　えっ、どうしてですか。

木村　姉に 借りた 傘を 電車に 忘れて しまって…。

李　　見つかりませんでしたか。

木村　ええ。誰かに 持って いかれたようです。

새로 나온 단어

怒る 화내다 ｜ ～(ら)れる ～당하다 ｜ 見つかる 찾게되다, 발견되다 ｜ 持っていかれる 가지고 가 버리다

会話 2　대학 캠퍼스에서　TRACK 50

木村　出かける 前に、高い 傘だから なくすなと 言われたんですが…。

李　大事な 傘だったんですね。

木村　ええ。姉に 同じ のを 買って 来いと 言われました。

李　えっ、高いのに 大変じゃ ありませんか。

木村　それに 昨日は 傘を なくした 後で、雨に 降られて、ぬれて しまったんですよ。

李　ついて いない 一日でしたね。

새로 나온 단어

~な ~마라 ｜ 大事だ 소중하다 ｜ 同じだ 같다 ｜ 来い 와라(명령형) ｜ それに 게다가 ｜ ぬれる 젖다
ついていない 운이 없다, 재수 없다

문법 알기

① 동사 수동형

동사 수동형 만들기

1그룹동사	う단 → あ단+れる (단, う로 끝난 동사는 わ로)	書く → 書かれる 読む → 読まれる 話す → 話される 買う → 買われる
2그룹동사	る → ~~る~~+られる	見る → 見られる 食べる → 食べられる
3그룹동사	불규칙 활용	来る → 来られる する → される

② 수동형 문장

1 직접 수동

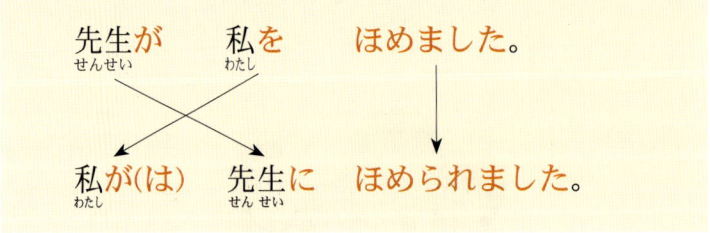

弟が 兄に 叱られました。

その 本は みんなに 読まれて います。

13 雨に 降られて、ぬれて しまったんですよ

2 간접 수동

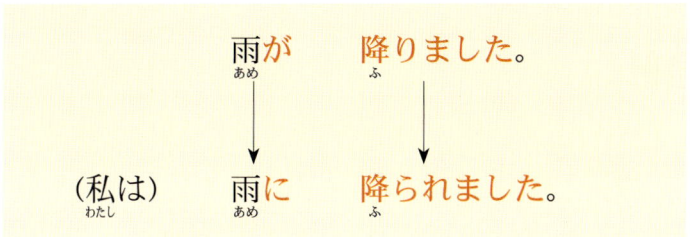

昨日 友だちに 来られて、勉強できませんでした。
きのう とも   こ   べんきょう

隣の 家の 赤ちゃんに 泣かれて 眠れませんでした。
となり いえ あか   な   ねむ

3 소유자 수동

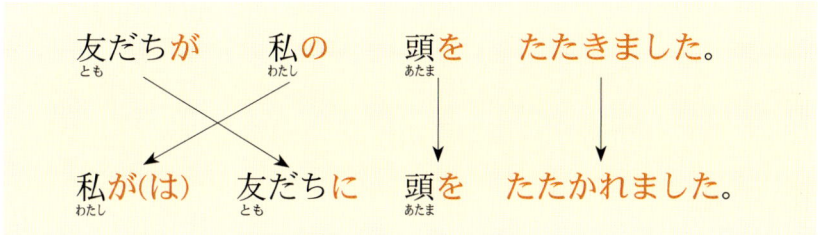

(私は) 泥棒に 自転車を 盗まれました。
わたし どろぼう じてんしゃ ぬす

(私は) 先生に 息子を ほめられました。
わたし せんせい むすこ

ほめる 칭찬하다 | 叱る 야단치다 | 泣く 울다 | 眠る 자다 | たたく 치다, 두드리다 | 泥棒 도둑
           しか   な   ねむ   どろぼう

盗む 훔치다
ぬす

문법알기

③ 동사 명령형

동사 명령형 만들기

1그룹동사	う단 → え단	書く → 書け 飲む → 飲め 話す → 話せ
2그룹동사	る → ~~る~~ + ろ・よ	起きる → 起きろ・起きよ 食べる → 食べろ・食べよ
3그룹동사	불규칙 활용	来る → 来い する → しろ・せよ

早く 来い。 [남자들끼리]

休め。 [구령]

頑張れ。 [응원]

止まれ。 [교통표지판]

❹ 동사 금지형

모든 동사	동사 사전형 + な	飲む → 飲むな 話す → 話すな 見る → 見るな 食べる → 食べるな 来る → 来るな する → するな

危険だから　入るな。

あまり　飲むなよ。

❺ 명령형／금지형 + と言われた ~라고 했다, ~라고 들었다

同じ　物を　買って　来いと　言われました。

早く　しろと　言われました。

高い　傘だから　なくすなと　言われました。

お酒を　飲むなと　言われました。

危険だ 위험하다

구문 연습

■ 보기와 같이 바꿔 봅시다.

1

> 보기
> 先生が 金さんを ほめました
> ➡ 金さんは 先生に ほめられました。

① 部長が 佐藤さんを 呼びました　　→ ＿＿＿＿＿＿＿＿＿＿＿＿

② お父さんが 李さんを 叱りました　→ ＿＿＿＿＿＿＿＿＿＿＿＿

③ 学生が 先生に 質問しました　　　→ ＿＿＿＿＿＿＿＿＿＿＿＿

④ 課長が 田中さんに 仕事を 頼みました　→ ＿＿＿＿＿＿＿＿＿＿＿＿

2

> 보기
> 子供が（私の）時計を 壊しました
> ➡ （私は）子供に 時計を 壊されました。

① 妹が ケーキを 食べました　　　　→ ＿＿＿＿＿＿＿＿＿＿＿＿

② 誰かが 財布を とりました　　　　→ ＿＿＿＿＿＿＿＿＿＿＿＿

③ 母が 大切な 書類を 捨てました　→ ＿＿＿＿＿＿＿＿＿＿＿＿

④ 誰かが 足を 踏みました　　　　　→ ＿＿＿＿＿＿＿＿＿＿＿＿

새로나온 단어

部長 부장(님) ｜ 課長 과장(님) ｜ 頼む 부탁하다 ｜ とる 훔치다 ｜ 捨てる 버리다 ｜ 足 발 ｜ 踏む 밟다

3

보기 | 雨が 降る ➡ 雨に 降られて、困りました。

① 子供が 泣く → _____

② 友だちが 急に 来る → _____

③ 彼女が 先に 行く → _____

④ 授業中 学生たちが 騒ぐ → _____

4

보기 | 母／勉強する ➡ 母に 勉強しろと 言われました。
　　　父／心配しない ➡ 父に 心配するなと 言われました。

① 先生／早く 来る

→ _____

② 先輩／もっと 頑張る

→ _____

③ 部長／会社を やめない

→ _____

④ 恋人／大きな 声で 笑わない

→ _____

急に 갑자기 ｜ 先に 먼저 ｜ 騒ぐ 떠들다, 소란 피우다 ｜ 先輩 선배 ｜ もっと 좀 더 ｜ 笑う 웃다

회화 연습

■ 보기와 같이 역할을 바꿔 말해 봅시다.

TRACK 51

1

| 보기 | a. 妹(いもうと) | b. 携帯(けいたい)を 壊(こわ)す |

A: Bさん、元気(げんき)が ないですね。
B: ええ。今朝(けさ) ᵃ妹(いもうと)に ᵇ携帯(けいたい)を 壊(こわ)されたんです。
A: えっ、本当(ほんとう)ですか。

① a. 弟(おとうと)   b. 手紙(てがみ)を 捨(す)てる
② a. 友(とも)だち   b. 本(ほん)を なくす
③ a. 誰(だれ)か   b. カメラを 盗(ぬす)む

TRACK 52

2

| 보기 | a. もっと 勉強(べんきょう)する | b. 遅刻(ちこく)しない |

A: 先生(せんせい)に 何(なん)と 言(い)われましたか。
B: ᵃもっと 勉強(べんきょう)しろと 言(い)われました。Aさんは？
A: ᵇ遅刻(ちこく)するなと 言(い)われました。

① a. 運動(うんどう)を する   b. アルバイトを しない
② a. 朝(あさ) 早(はや)く 起(お)きる   b. 授業中(じゅぎょうちゅう) 寝(ね)ない
③ a. 明日(あした) 9時(くじ)に 来(く)る   b. 明日(あした) 休(やす)まない

새로 나온 단어

携帯(けいたい) 휴대 전화 | **遅刻(ちこく)する** 지각하다

일본은 운전석과 달리는 방향이 우리나라와 반대입니다. 일본에서 운전을 하려면 교통 표지판을 알아야 합니다. 예를 들어 「車両進入禁止」는 「車は入るな」라는 의미입니다. 다음의 표지판들을 보고 어떤 금지나 명령을 의미하는지 말해 봅시다.

 은 '차는 들어오지 마' 즉 **車は入るな**。라는 의미입니다.

 은 '왼쪽으로 돌아' 즉 _____라는 의미입니다.

 은 '똑바로 가' 즉 _____라는 의미입니다.

 은 '차를 세우지 마' 즉 _____라는 의미입니다.

 은 '50킬로로 달려' 즉 _____라는 의미입니다.

 은 '멈춰' 즉 _____라는 의미입니다.

 은 '천천히 가' 즉 _____라는 의미입니다.

 은 '건너지 마' 즉 _____라는 의미입니다.

14 家の 手伝いを させられました

집안일을 도와야 했습니다

会話 1  🎧 TRACK 53

李　　佐藤さんの お子さんは おいくつですか。

佐藤　先月 3歳に なった ばかりです。

李　　そうですか。佐藤さんも 育児に 協力して いるんですか。

佐藤　もちろんです。

李　　いい お父さんですね。お子さんには 何か 習わせて いますか。

佐藤　いいえ、まだ 何も させて いません。

새로 나온 단어

お子さん 자제분 ｜ ～たばかりだ 막 ～했다, ～(한)지 얼마 되지 않았다 ｜ 育児 육아 ｜ 協力する 협력하다
もちろん 물론 ｜ 習う 배우다 ｜ ～(さ)せる ～(하)게 하다, ～시키다

 ❶ 사역형 ❷ 사역수동형 ❸ ～たばかりだ

会話 2 식당에서 TRACK 54

李 　韓国では ピアノを 習う 子供が 多いですよ。
　　 私も 母に 習わされました。

佐藤 　へえ、じゃ、李さんは おとなしい
　　　子供だったんですね。

李 　いえいえ。よく 兄と けんかして、泣かされました。

佐藤 　ピアノの ほかにも 何か 習って いましたか。

李 　いいえ。でも 両親が 忙しかったので、家の
　　 手伝いを させられました。

새로나온 단어

～される／～(さ)せられる ～를 당하다/어쩔 수 없이 ～하다 ｜ へえ 저런, 허(감동, 놀람) ｜ おとなしい 얌전하다
いえいえ 아뇨

127

문법 알기

❶ 동사 た형 + たばかりだ 막 ~했다, ~(한)지 얼마 되지 않았다

先月　３歳に　なった　ばかりです。

今　ご飯を　食べた　ばかりです。

私は　先月　日本へ　来た　ばかりです。

❷ 동사 사역형

동사 사역형 만들기

1그룹동사	う단 → あ단 + せる (단, う로 끝난 동사는 わ로)	書く → 書かせる 読む → 読ませる 買う → 買わせる
2그룹동사	る → る + させる	見る → 見させる 食べる → 食べさせる
3그룹동사	불규칙 활용	来る → 来させる する → させる

사역형 문장

1 자동사 사역문

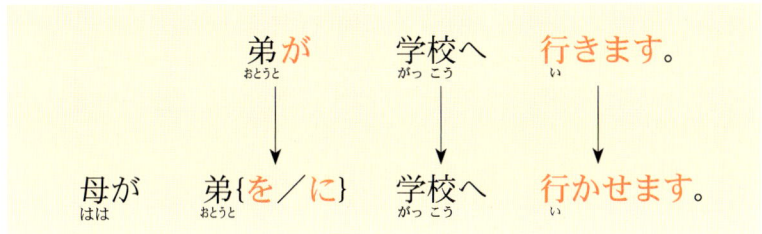

コーチは 選手を 2時間も 走らせました。

私は 子供を 留学させました。

2 타동사 사역문

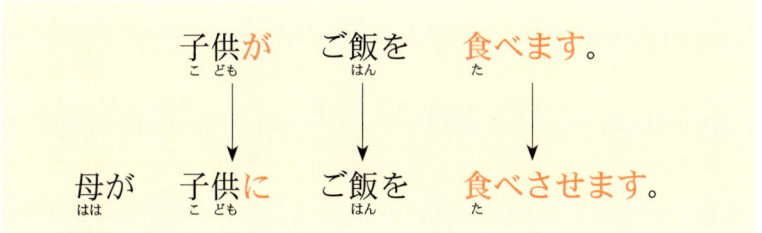

先輩が 私に お酒を 飲ませました。

先生が 学生に レポートを 書かせました。

コーチ 코치 | 選手 선수

문법알기

3 사역문의 의미

社長が 怒って その 部下を 帰らせました。 강요

社長は 早く 帰りたいと 言った 部下を 帰らせました。 허가

母は 子供を 外で 遊ばせました。 방임

❹ 동사 사역수동형

동사 사역수동형 만들기

1그룹동사	う단 → あ단 + せられる・される (단, う단으로 끝난 동사는 わ로 바꾸고, す로 끝난 동사는 せられる만 가능)	書く → 読む → 買う → 話す →	書かせられる 書かされる 読ませられる 読まされる 買わせられる 買わされる 話させられる 話さされる (×)
2그룹동사	る → る + させられる	見る → 食べる →	見させられる 食べさせられる
3그룹동사	불규칙 활용	来る → する →	来させられる させられる

14 家の 手伝いを させられました

よく 兄に 泣かされました。（＝泣かせられました。）

私も 母に 習わされました。（＝習わせられました。）

私は 友だちに １時間も 待たされました。（＝待たせられました。）

先生に 漢字を 覚えさせられました。

社長 사장(님) ｜ **部下** 부하

구문 연습

■ 보기와 같이 바꿔 봅시다.

1 | 보기 | 弟／買い物に 行く ➡ （私は）弟を 買い物に 行かせます。

① 部下／早く 帰る → ....
② 子供／公園で 遊ぶ → ....
③ 学生／立つ → ....
④ 後輩／家に 来る → ....

2 | 보기 | 子供／英語を 勉強する
➡ （私は）子供に 英語を 勉強させます。

① 後輩／仕事を 手伝う → ....
② 息子／犬の 散歩を する → ....
③ 娘／野菜を 食べる → ....
④ 学生／教科書を 読む → ....

立つ 서다 ｜ 後輩 후배

3

보기 姉／買い物に 行く
➡ （私は）姉に 買い物に 行かされました。

① 先生／漢字を 覚える →

② 友だち／歌を 歌う →

③ 先輩／10キロ 走る →

④ 母／部屋を 片付ける →

4

보기 先週 日本へ 来ました
➡ 先週 日本へ 来た ばかりです。

① さっき 昼ご飯を 食べました →

② 今年 この 会社に 入りました →

③ この かばんは 先週 買いました →

④ 日本語の 勉強は 先月 始めました →

새로나온 단어

キロ 킬로미터(거리)

회화 연습

■ 보기와 같이 역할을 바꿔 말해 봅시다.

🎧 TRACK 55

1

| 보기 | a. 部屋を 掃除する | b. 弟 |

A : ª部屋を 掃除しましょうか。
B : いいえ、いいですよ。
　　ᵇ弟に ª掃除させますから。

① a. 机の 上を 片付ける　　b. 妹
② a. 引っ越しを 手伝う　　b. 後輩
③ a. 荷物を 運ぶ　　　　　b. 息子

🎧 TRACK 56

2

| 보기 | a. 授業 | b. 漢字を 20個も 覚える |

A : ª授業は どうですか。
B : 毎日 大変です。昨日は ᵇ漢字を 20個も 覚えさせられました。
A : そうですか。厳しいですね。

① a. 練習　　　　b. 1時間も 走る
② a. 仕事　　　　b. 夜中まで 働く
③ a. アルバイト　b. 一日中 掃除を する

새로나온 단어

運ぶ 운반하다 ｜ 厳しい 심하다, 엄하다 ｜ 夜中 한밤중 ｜ 一日中 하루 종일

세상에는 다양한 성격의 사람들이 존재하며 그들의 성격이나 모습은 여러 가지 표현으로 나타낼 수 있습니다. 보여지는 자체를 묘사할 수도 있고, 그 사람의 내면을 묘사할 수도 있습니다. 사람의 성격을 나타내는 단어를 이용하여 주변인물의 성격에 관해 말해 봅시다.

明るい 명랑하다
あか

優しい 상냥하다
やさ

おとなしい 얌전하다

真面目だ
まじめ
진지하다, 성실하다

素直だ 솔직하다, 순수하다
すなお

積極的だ 적극적이다
せっきょくてき

几帳面だ 꼼꼼하다
きちょうめん

気が強い 고집이 세다
き   つよ

冷たい 냉정하다
つめ

ずるい 교활하다

短気だ 성급하다
たんき

生意気だ 건방지다
なまいき

わがままだ 제멋대로다

大ざっぱだ 엉성하다
おお

そそっかしい 덜렁대다

けちだ 인색하다

15 先生は 何に なさいますか
선생님은 무엇으로 하시겠습니까?

会話 1  레스토랑에서 🎧 TRACK 57

店員　いらっしゃいませ。何名様ですか。

李　　二人です。

店員　おたばこは お吸いに なりますか。

李　　いいえ、吸いません。

店員　今 少し 混んで いますので、こちらに おかけに

　　　なって、お待ち ください。

店員 점원 | **いらっしゃいませ** 어서 오십시오 | **何名様** 몇 분 | **お〜になる** 〜하시다 | **かける** 걸터앉다
お〜ください 〜해 주세요

 ❶ 존경어 ❷ お+동사 ます형+になる ❸ お+동사 ます형+ください

 레스토랑에서 🎧 TRACK 58

店員　こちらが メニューです。

李　　じゃ、私は これに します。
　　　先生は 何に なさいますか。

先生　私も 同じ ものに します。

李　　ビールも 飲まれますか。

先生　そうですね。じゃ、1本だけ 頼みましょうか。

メニュー 메뉴 ｜ なさる 하시다 ｜ ビール 맥주 ｜ 〜(ら)れる 〜하시다

문법알기

① 존경어

1 존경의 특별 동사

보통말	존경어
行く(가다)	いらっしゃる／おいでになる(가시다)
来る(오다)	いらっしゃる／おいでになる 見える／お見えになる(오시다)
いる(있다)	いらっしゃる(계시다)
食べる(먹다), 飲む(마시다)	召し上がる(드시다)
する(하다)	なさる(하시다)
くれる(주다)	くださる(주시다)
言う(말하다)	おっしゃる(말씀하시다)
見る(보다)	ご覧になる(보시다)
知る(알다)	ご存じだ(아시다)
寝る(자다)	お休みになる(주무시다)

先生は　何に　**なさいますか。**

先生は　研究室に　**いらっしゃいますか。**

2 존경동사 (동사에 (ら)れる를 접속)

ビールも　**飲まれますか。**

先生が　8時に　**来られました。**

15 先生は 何に なさいますか

3　お + 동사 ます형 + になる

おたばこは お吸いに なりますか。

社長は お帰りに なりましたか。

4　お + 동사 ます형 + ください

こちらに おかけに なって お待ち ください。

どうぞ、お入り ください。

今日 お話し くださる 方は 田中先生です。

5　명사・형용사의 존경어

	お를 붙이는 경우	ご를 붙이는 경우
명사	お国, お名前, お話	ご住所, ご家族, ご旅行
い형용사	お忙しい, お若い, お美しい	
な형용사	お元気, お上手, お暇	ご熱心, ご親切

새로 나온 단어

研究室 연구실

구문 연습

■ 보기와 같이 바꿔 봅시다.

1 | 보기 | 何を 食べますか／サラダ ➡ A: 何を 召し上がりますか。
B: サラダを 食べます。

① 明日 学校に 来ますか／いいえ → _____

② 名前は 何と 言いますか／木村 → _____

③ この 映画を 見ましたか／はい → _____

④ 田中さんを 知って いますか／いいえ → _____

2 | 보기 | どちらへ 行きますか ➡ どちらへ 行かれますか。

① この パソコンを 使いますか

→ _____

② 明日の 会議に 出席しますか

→ _____

③ 今朝 何時ごろ うちを 出ましたか

→ _____

④ この 料理は どなたが 作りましたか

→ _____

サラダ 샐러드 | どなた 어느 분

15 先生は 何に なさいますか

3 보기 この 本を 読みましたか／はい
➡ A：この 本を お読みに なりましたか。
B：はい、読みました。

① 何時ごろ うちへ 帰りますか／7時
→ _____

② どんな 音楽を 聞きますか／クラシック
→ _____

③ 明日 どこかへ 出かけますか／いいえ
→ _____

④ ゆっくり 休みましたか／はい
→ _____

4 보기 少し 待って ください ➡ 少し お待ち ください。

① お名前を 書いて ください → _____

② この ペンを 使って ください → _____

③ 部屋に 入って ください → _____

④ こちらで 休んで ください → _____

クラシック 클래식

회화 연습

■ 보기와 같이 역할을 바꿔 말해 봅시다.

🎧 TRACK 59

1

| 보기 | a. ミョンドンにも いらっしゃる　　b. 行く |

A : 先生、夏休みは どこかに いらっしゃいましたか。
B : ええ。ソウルに 行って きました。
A : ᵃミョンドンにも いらっしゃいましたか。
B : はい、ᵇ行きました。

① a. 買い物も なさる　　　　　b. する
② a. 焼肉も 召し上がる　　　　b. 食べる
③ a. 民俗村も ご覧に なる　　　b. 見る

🎧 TRACK 60

2

| 보기 | a. パソコン　　　　b. 使う |

A : すみません。この ᵃパソコン、ᵇ使っても いいですか。
B : はい、どうぞ ᵇお使い ください。

① a. 新聞　　　　　　　　b. 読む
② a. コーヒー　　　　　　b. 飲む
③ a. 椅子　　　　　　　　b. 座る

새로나온 단어

焼肉 불고기 ｜ 民俗村 민속촌

다음은 어느 회사 사장님의 하루 일정표입니다. 이 일정표를 보고 사장님의 일정에 관해 옆사람과 경어로 말해 봅시다. 예를 들어 "아침식사를 몇 시에 합니까?"는 「社長は何時に朝ごはんを召し上がりますか」라고 물으면 됩니다.

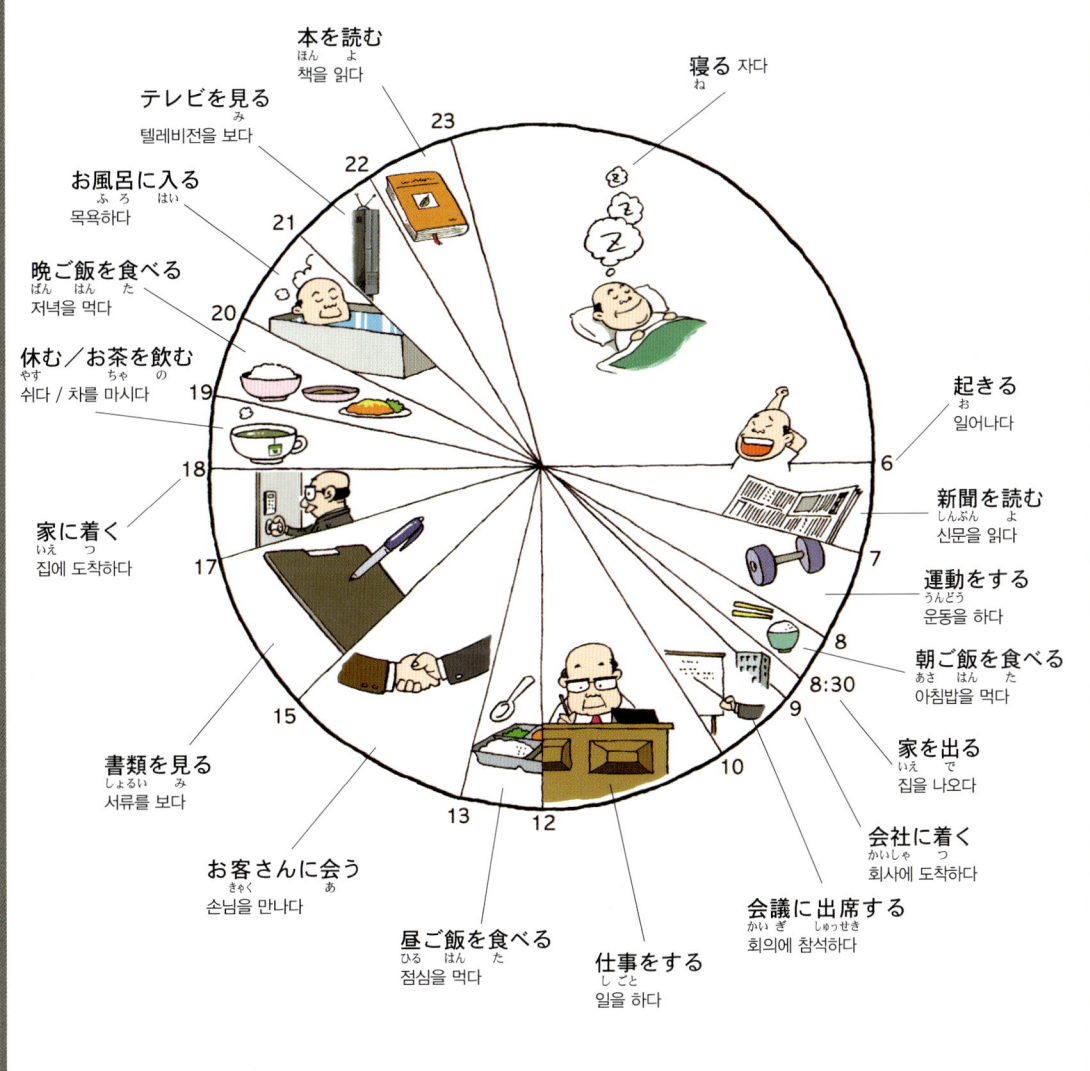

16 | また お電話 いたします

다시 전화하겠습니다

会話 1  🎧 TRACK 61

李　　もしもし、世界大学の 李と 申しますが、山口先生 いらっしゃいますか。

山口　まだ 帰って おりませんが…。

李　　そうですか。何時ごろ お帰りに なりますか。

山口　すぐ 戻ると 思いますので、9時ごろ もう 一度 電話して いただけませんか。

李　　はい。では また お電話 いたします。

 申す '말하다'의 겸양어 | おる '있다'의 겸양어 | 戻る 돌아오다 | ～ていただけませんか ~해 주시지 않겠습니까?
いたす '하다'의 겸양어

 ❶ 겸양어　❷ お + 동사 ます형 + する　❸ ～ていただく

会話 2　전화하면서　TRACK 62

李　　あの、先生。少し ご相談 したい ことが
　　　あるんですが…。

先生　ああ、論文の ことですか。

李　　はい。明日 研究室に 伺っても よろしいですか。
　　　この前 お借り した 本も お返し したいですし…。

先生　いいですよ。じゃ、2時ごろ 来て もらえますか。

李　　はい。よろしく お願い いたします。

새로 나온 단어

相談 상담, 의논 ｜ 論文 논문 ｜ 伺う 여쭙다('듣다, 묻다, 방문하다'의 겸양어) ｜ よろしい 괜찮다, 좋다(よい보다 정중한 말투)
この前 요전

문법 알기

❶ 겸양어

1 겸양의 특별 동사

보통어	겸양어
行く(가다)	参る, 伺う(가다)
来る(오다)	参る, 伺う(오다)
いる(있다)	おる(있다)
食べる(먹다), 飲む(마시다)	いただく(먹다)
もらう(받다)	いただく(받다)
する(하다)	いたす(하다)
あげる(주다)	さしあげる(드리다)
言う(말하다)	申す, 申し上げる(말씀드리다)
見る(보다)	拝見する(보다)
知っている(알다)	存じておる(알다)
聞く(묻다, 듣다)	伺う(여쭙다)
訪ねる(방문하다)	伺う, おじゃまする(찾아뵙다)
会う(만나다)	お目にかかる(만나뵙다)

世界大学の 李と 申します。

私は 韓国から 参りました。

父は 今 家に おりません。

16 また お電話 いたします

2 お + 동사 ます형 + する

お荷物を お持ち しましょうか。

明日までに お届け いたします。

3 ご + 명사 + する

私が 大阪 市内を ご案内 します。

明日の スケジュールを ご説明 いたします。

❷ 동사 て형 + ていただく ~해 주시다

私は 田中先生に 本を 貸して いただきました。

9時ごろ もう 一度 電話して いただけませんか。

ノートを 見せて いただけますか。

韓国語を 教えて いただけませんか。

새로나온 단어

届ける 보내다, 전하다 | 市内 시내 | スケジュール 일정 | 説明 설명

구문 연습

■ 보기와 같이 바꿔 봅시다.

1 | 보기 | 李ジュノと 言います ➡ 李ジュノと 申します。

① 韓国から 来ました →
② 両親は 韓国に います →
③ 先生の 論文を 見ました →
④ 中村先生に 会いました →

2 | 보기 | 社長の 荷物を 持ちます ➡ 社長の 荷物を お持ち します。

① 課長に 写真を 見せます

→

② 部長を 車で 送ります

→

③ 先生の 本を 借ります

→

④ 先生に チケットを 渡します

→

チケット 티켓, 표

16 また お電話 いたします

3 보기 先生に 相談します ➡ 先生に ご相談 します。

① 田中さんを 大学まで 案内します
→ _____

② お客さまに 使い方を 説明します
→ _____

③ 先生を パーティーに 招待します
→ _____

④ 明日の 朝 社長に 連絡します
→ _____

4 보기 もう 一度 電話する
➡ もう 一度 電話して いただけませんか。

① ここに 地図を 書く → _____

② 準備を 手伝う → _____

③ パソコンの 使い方を 教える → _____

④ もう 少し ゆっくり 話す → _____

새로나온 단어

お客さま 손님 | 使い方 사용법 | 連絡する 연락하다

회화 연습

■ 보기와 같이 역할을 바꿔 말해 봅시다.

🎧 TRACK 63

1

| 보기 | a. お名前は 何と おっしゃる　　b. 李と 申す |

A: 失礼ですが、ªお名前は 何と おっしゃいますか。
B: ᵇ李と 申します。

① a. どちらに 住んで いらっしゃる　　b. 横浜に 住んで おる
② a. いつ 結婚なさる　　b. ４月に 結婚いたす
③ a. 佐藤さんを ご存じだ　　b. はい、存じて おる

🎧 TRACK 64

2

| 보기 | a. ちょっと 手伝う |

A: どなたか ªちょっと 手伝って いただけませんか。
B: はい、私が ªお手伝い します。
A: すみません。お願い します。

① a. この 荷物を 持つ
② a. 駅まで 車で 送る
③ a. 日本語で 説明する

다음은 이주노가 선생님에게 쓴 메일입니다. 15과와 16과에서 배운 존경어와 겸양어를 사용하여 메일을 써 봅시다.

Subject	先生　おひさしぶりです
Date	〇〇〇〇年　〇〇月　〇〇日　2:50

山口先生

　お元気で　いらっしゃいますか。

　日本では　いろいろと　お世話に　なりました。日本語を
楽しく　教えて　くださって、ありがとう　ございました。

韓国でも　日本語の　勉強を　続けて　おります。

　ぜひ　一度　韓国へ　遊びに　いらっしゃって　ください。
私が　いろいろな　所へ　ご案内します。楽しみに　して
おります。

　これから　寒く　なるので、お体に　気を　つけて　ください。

イ　ジュノ

New 다이나믹 일본어

Step 2

부록

❶ 본문 회화 해석 및 연습문제 해답
❷ 단어 색인

1 본문 회화 해석 및 연습문제 해답

1 もうすぐ 来ると 思います

본문해석

회화 ❶
선생님 : 안녕하세요. 오늘은 인원수가 적네요.
이주노 : 김(윤희) 씨는 이제 곧 올 것이라 생각합니다.
선생님 : 그렇습니까? 린 씨도 없네요.
이주노 : 린 씨에게서 조금 전 전화가 있었습니다.
선생님 : 뭐라고 하던 가요?
이주노 : 오늘은 감기로 쉰다고 했습니다.

회화 ❷
이주노 : 린 씨, 몸 상태는 어때?
린 : 응, 이제 괜찮아. 수업은 어땠어?
이주노 : 재미있었어. 하지만 숙제가 많이 나왔어.
린 : 어떤 숙제? 가르쳐 줘.
이주노 : 그럼, 내일 함께 숙제 하지 않을래?
린 : 응, 고마워. 그럼 내일 전화할게.

구문연습

1　① 木村さんは きっと 来ると 思います。
　　② 今日 田中さんは 留守だと 思います。
　　③ 明日は たぶん 雨が 降らないと 思います。
　　④ あの 人は もう 引っ越したと 思います。

2　① A：今 何と 言いましたか。
　　　 B：あそこに 本屋が あると 言いました。
　　② A：今 何と 言いましたか。
　　　 B：写真が 撮りたいと 言いました。
　　③ A：今 何と 言いましたか。
　　　 B：時間が ないと 言いました。
　　④ A：今 何と 言いましたか。
　　　 B：おなかが すいたと 言いました。

3　① ニュースを 聞いて びっくりしました。
　　② 先生の 話は 難しくて わかりません。
　　③ 事故で 人が けがを しました。
　　④ 病気で 入院しました。

4　① A：学生？
　　　 B₁：うん、学生。
　　　 B₂：ううん、学生じゃない。
　　② A：行く？
　　　 B₁：うん、行く。
　　　 B₂：ううん、行かない。
　　③ A：忙しかった？
　　　 B₁：うん、忙しかった。
　　　 B₂：ううん、忙しくなかった。
　　④ A：電話した？
　　　 B₁：うん、電話した。
　　　 B₂：ううん、電話しなかった。

회화연습

1　① A：クリスマスに 雪が 降ると 思いますか。
　　　 B：はい、降ると 思います。Aさんは？
　　　 A：私は（雪が）降らないと 思います。
　　② A：テストは 難しかったと 思いますか。
　　　 B：はい、難しかったと 思います。
　　　　 Aさんは？
　　　 A：私は 難しく なかったと 思います。
　　③ A：あの 人は 日本人だと 思いますか。
　　　 B：はい、日本人だと 思います。
　　　　 Aさんは？
　　　 A：私は 日本人では（じゃ）ないと 思います。

2　① A：日曜日、何 した？
　　　 B：デート した。
　　　 A：よかった？
　　　 B：ううん、よくなかった。
　　② A：日曜日、何 した？
　　　 B：海へ 行った。
　　　 A：泳いだ？
　　　 B：ううん、泳がなかった。
　　③ A：日曜日、何 した？
　　　 B：山に 登った。
　　　 A：景色は きれいだった？
　　　 B：ううん、景色は きれいでは（じゃ）なかった。

2 日本語が 上手に なりましたね

본문해석

회화 ❶
이주노 : 어제 전자사전을 샀습니다.
다나카 : 좀 보여 주세요. 요즘 사전은 상당히 작네요.
이주노 : 여기를 누르면 글자가 커져요. 그리고 한국어를 조사할 때는 여기를 누릅니다.
다나카 : 편리하네요. 저도 이런 사전을 갖고 싶어요.

회화 ❷
다나카 : 이(주노) 씨, 일본어가 능숙해졌네요.
이주노 : 고맙습니다. 하지만 아직 멀었어요.
다나카 : 항상 어떻게 공부하고 있나요?

이주노 : 한가할 때, 드라마나 뉴스를 보고 새로운 단어를 외우고 있습니다.
다나카 : 듣는 것과 말하는 것 중 어느 쪽이 어려운가요?
이주노 : 말하는 쪽이네요. 말할 때에는 항상 가슴이 두근거립니다.

구문연습

1　① これから 暑く なります。
　　② 町が 便利に なります。
　　③ 来月から 忙しく なります。
　　④ 来年 大学生に なります。

2　① お酒を 飲むと 顔が 赤く なります。
　　② 掃除を すると 部屋が きれいに なります。
　　③ たくさん 食べると 太ります。
　　④ 信号を 右に 曲がると 公園が あります。

3　① 高校生の とき、プサンに 住んで いました。
　　② 眠い とき、コーヒーを 飲みます。
　　③ 暇な とき、友だちに 電話します。
　　④ 日本語が 分からない とき、先生に 聞きます。

4　① 日本語を 勉強する のは 楽しいです。
　　② 毎朝 6時に 起きる のは 大変です。
　　③ あの 人に 会う のは 嫌です。
　　④ ここで 遊ぶ のは 危ないです。

회화연습

1　① A：すみません、この へんに 郵便局は ありますか。
　　　 B：郵便局ですか。信号を 右に 曲がると、左に ありますよ。
　　② A：すみません、この へんに 駅は ありますか。
　　　 B：駅ですか。10分ぐらい 歩くと、左に ありますよ。
　　③ A：すみません、この へんに 公園は ありますか。
　　　 B：公園ですか。あの 橋を 渡ると、右に ありますよ。

2　① A：Bさんは 時間が ある とき、何を しますか。
　　　 B：時間が ある ときは、喫茶店に 行きます。
　　② A：Bさんは 寂しい とき、どうしますか。
　　　 B：寂しい ときは、明るい 音楽を 聞きます。
　　③ A：Bさんは 日本語が 分からない とき、どうしますか。
　　　 B：日本語が 分からない ときは、先生に 聞きます。

3　私の 趣味は 映画を 見る ことです

본문해석

회화 ❶

이주노 : 오다 씨는 뭔가 취미가 있습니까?
오다　 : 네, 영화를 보는 것입니다. 최근에는 DVD로 보는 경우가 많지만요.
이주노 : 요즘, 뭔가 좋은 영화를 하고 있습니까?
오다　 : 『유메』는 봤습니까? 이야기도 재미있고 음악도 아름답고 매우 좋습니다.

회화 ❷

기무라 : 이번 일요일에 날씨가 좋으면 함께 테니스를 치지 않겠습니까?
이주노 : 좋아요. 어디에서 칠까요?
기무라 : 대학의 테니스 코트를 사용할 수 있어요.
이주노 : 그렇습니까? 만약 비가 내리면 어떻게 합니까?
기무라 : 비가 내리면 영화라도 보러 갑시다.

구문연습

1　① 私の 趣味は 音楽を 聞く ことです。
　　② 私の 趣味は 水泳を する ことです。
　　③ 私の 趣味は ピアノを ひく ことです。
　　④ 私の 趣味は 外国の 切手を 集める ことです。

2　① 親切だし、おもしろいし、彼は 人気が あります。
　　② 有名だし、キャンパスも きれいだし、この 大学に 決めました。
　　③ 交通も 不便だし、狭いし、ここを 引っ越したいです。
　　④ 雨も 降って いるし、時間も ないし、タクシーで 行きます。

3　① いい 天気だったら、友だちと 遊びに 行きます。
　　② お金が あったら、新しい 車が 買いたいです。
　　③ もう 少し 若かったら、留学したいです。
　　④ 時間が なかったら、パーティーに 行きません。

4　① 料理を 作る ことが できます。
　　② 日本の 歌を 歌う ことが できます。
　　③ 英語を 教える ことが できます。
　　④ 絵を 描く ことが できます。

회화연습

1　① A：Bさん、趣味は 何ですか。
　　　 B：映画を 見る ことです。
　　　 A：そうですか。じゃ、土曜日 時間が あったら、一緒に 映画を 見ましょう。
　　② A：Bさん、趣味は 何ですか。
　　　 B：山に 登る ことです。

　　　　 A：そうですか。 じゃ、日曜日　暇だったら、
　　　　　　一緒に　山に　登りましょう。
　　③ A：Bさん、趣味は　何ですか。
　　　　 B：スキーを　する　ことです。
　　　　 A：そうですか。じゃ、冬に　なったら、一緒に
　　　　　　スキーを　しましょう。
2　① A：ここが　新しい　スポーツセンターです。
　　　　 B：いいですね。広いし、きれいだし…。
　　　　 A：ええ。プールで　泳ぐ　ことも　できますよ。
　　② A：ここが　新しい　レストランです。
　　　　 B：いいですね。広いし、きれいだし…。
　　　　 A：ええ。あそこで　インターネットを　する　こと
　　　　　　も　できますよ。
　　③ A：ここが　新しい　公園です。
　　　　 B：いいですね。広いし、きれいだし…。
　　　　 A：ええ。あそこから　海を　見る　ことも　できま
　　　　　　すよ。

　　　　 ④ 今日　金さんは　来ないかも　しれません。
3　① 薬を　飲んだ　方が　いいです。
　　② あの　人に　言わない　方が　いいです。
　　③ 傘を　持って　行った　方が　いいです。
　　④ お風呂に　入らない　方が　いいです。
4　① 日本の　料理を　作って　みます。
　　② 先生に　聞いて　みます。
　　③ もう　一度　電話を　かけて　みます。
　　④ この　服を　着て　みます。

회화연습

1　① A：どうしたんですか。
　　　　 B：お腹が　痛いんです。
　　　　 A：薬を　飲んだ　方が　いいですよ。
　　② A：どうしたんですか。
　　　　 B：風邪を　ひいたんです。
　　　　 A：うちへ　帰った　方が　いいですよ。
　　③ A：どうしたんですか。
　　　　 B：少し　疲れたんです。
　　　　 A：無理を　しない　方が　いいですよ。
2　① A：昨日　金さんに　電話しましたか。
　　　　 B：いいえ、しませんでした。
　　　　 A：どうして　しなかったんですか。
　　　　 B：忙しかったんです。
　　② A：昨日　本を　買いましたか。
　　　　 B：いいえ、買いませんでした。
　　　　 A：どうして　買わなかったんですか。
　　　　 B：財布を　忘れたんです。
　　③ A：昨日　飲みに　行きましたか。
　　　　 B：いいえ、行きませんでした。
　　　　 A：どうして　行かなかったんですか。
　　　　 B：急用が　できたんです。

4　病院へ　行った　方が　いいですよ

본문해석

회화 ❶

기무라 : 어떻게 된 건가요? 안색이 나쁘네요.
이주노 : 예. 아침부터 식욕이 없고 한기가 듭니다.
기무라 : 감기일지도 모르겠네요. 병원에 가는 편이 좋아요.
이주노 : 그렇군요.
기무라 : 근처에 병원이 있으니 함께 가 봐요.

회화 ❷

의사　 : 어떻게 된 건가요?
이주노 : 아침부터 머리가 아프고 열이 있습니다.
의사　 : 그럼, 목을 보여 주세요. 감기군요.
이주노 : 저, 오후에도 수업이 있는데, 가지 않는 편이 좋은가요?
의사　 : 그렇습니다. 집에서 푹 쉬는 편이 좋아요.

구문연습

1　① A：どうしたんですか。
　　　　 B：母が　心配なんです。
　　② A：どうしたんですか。
　　　　 B：財布が　ないんです。
　　③ A：どうしたんですか。
　　　　 B：教科書を　忘れたんです。
　　④ A：どうしたんですか。
　　　　 B：漢字の　読み方が　分からないんです。
2　① あの　2人は　兄弟かも　しれません。
　　② 明日の　テストは　難しいかも　しれません。
　　③ 授業に　遅れるかも　しれません。

5　大阪の　友だちが　くれた　ものです

본문해석

회화 ❶

사토　 : 이 열쇠고리, 좋은데요.
이주노 : 오사카에 있는 친구가 준 것입니다. 괜찮다면 드릴게요.
사토　 : 어, 받아도 괜찮습니까?
이주노 : 네. 두 개 있으니까, 가지세요.
사토　 : 고맙습니다.

회화 ❷

이주노 : 주말에 오사카에 갔다 왔습니다.
사토　 : 그렇습니까? 혼자서 갔습니까?

이주노 : 네, 혼자서 가서 친구 집에 묵었습니다.
사토 : 어떤 곳을 구경했습니까?
이주노 : 친구가 오사카성이랑 도톤보리를 안내해 주었습니다.

구문연습

1 ① 私は 金さんに 時計を あげました。
   ② 私は 佐藤さんに ネクタイを あげました。
   ③ 私は 李さんに ケーキを 買って あげました。
   ④ 私は 小田さんに 本を 貸して あげました。

2 ① 私は 小田さんに お酒を もらいました。
   ② 私は 金さんに 人形を もらいました。
   ③ 私は 田中さんに 林さんを 紹介して もらいました。
   ④ 私は 佐藤さんに うちまで 車で 送って もらいました。

3 ① 小田さんは 私に セーターを くれました。
   ② 佐藤さんは 私に 手袋を くれました。
   ③ 李さんは 私に 料理を 作って くれました。
   ④ 金さんは 私に 写真を 見せて くれました。

4 ① これは 今 読んで いる 本です。
   ② これは 明日 着る 服です。
   ③ これは 田中さんが 撮った 写真です。
   ④ これは 佐藤さんに 渡す プレゼントです。

회화연습

1 ① A：誕生日に 何を もらいましたか。
      B：母に お金を もらいました。
      A：お父さんにも 何か もらいましたか。
      B：いいえ、父は 何も くれませんでした。
   ② A：誕生日に 何を もらいましたか。
      B：兄に 電子辞書を もらいました。
      A：弟さんにも 何か もらいましたか。
      B：いいえ、弟は 何も くれませんでした。
   ③ A：誕生日に 何を もらいましたか。
      B：娘に 時計を もらいました。
      A：息子さんにも 何か もらいましたか。
      B：いいえ、息子は 何も くれませんでした。

2 ① A：Bさん、スキーを した ことが ありますか。
      B：ええ。佐藤さんに 教えて もらいました。
      A：佐藤さんが 教えて くれたんですか。いいですね。
   ② A：Bさん、鎌倉に 行った ことが ありますか。
      B：ええ。友だちに 連れて 行って もらいました。
      A：友だちが 連れて 行って くれたんですか。いいですね。
   ③ A：Bさん、小田さんに 会った ことが ありますか。
      B：ええ。木村さんに 紹介して もらいました。
      A：木村さんが 紹介して くれたんですか。いいですね。

6 疲れて いたので、早く 寝て しまったんです

본문해석

회화 ❶

왕 : 오늘 테스트는 어땠습니까?
이주노 : 별로 공부하지 않았기 때문에 잘 보지 못했습니다.
왕 : 그렇습니까?
이주노 : 어제는 피곤했기 때문에 빨리 잤습니다. 왕 씨는 어땠습니까?
왕 : 저는 자지 않고 공부했는데도 많이 틀리고 말았습니다.

회화 ❷

이주노 : 선생님, 리포트는 오늘 제출하지 않으면 안 됩니까?
선생님 : 아직 쓰지 않았습니까?
이주노 : 아니요, 썼습니다만, 집에 놓고 와 버렸습니다.
선생님 : 어쩔 수 없군요.
         그럼, 내일 3시까지 제출해 주세요.

구문연습

1 ① 日曜日なので、公園に たくさんの 人が います。
      日曜日なのに、公園に 誰も いません。
   ② お金が ないので、まだ 家を 買いません。
      お金が ないのに、無理して 家を 買いました。
   ③ 走ったので、間に合いました。
      走ったのに、間に合いませんでした。
   ④ 雨が 降って いるので、出かけません。
      雨が 降って いるのに、出かけます。

2 ① 風邪を ひいて しまいました。
   ② 学校に 遅れて しまいました。
   ③ 時計を なくして しまいました。
   ④ うそを ついて しまいました。

3 ① 明日の 朝 5時に 起きなければ なりません。
      明日の 朝 5時に 起きなくては いけません。
   ② 時間が ないので 急がなければ なりません。
      時間が ないので 急がなくては いけません。
   ③ 早く メールの 返事を 送らなければ なりません。
      早く メールの 返事を 送らなくては いけません。
   ④ 先生の 質問に 日本語で 答えなければ なりません。
      先生の 質問に 日本語で 答えなくては いけません。

4 ① A：ご飯を 食べて 学校へ 行きましたか。
      B：いいえ、食べないで 学校へ 行きました。
   ② A：お土産を 買って 帰りましたか。
      B：いいえ、買わないで 帰りました。
   ③ A：辞書を 見て 書きましたか。
      B：いいえ、見ないで 書きました。
   ④ A：薬を 飲んで 寝ましたか。
      B：いいえ、飲まないで 寝ました。

회화연습

1　① A：明日　どこかに　出かけますか。
　　　B：いいえ、部屋が　汚いので、掃除を　しなければ　なりません。
　② A：明日　どこかに　出かけますか。
　　　B：いいえ、お客さんが　来るので、料理を　作らなければ　なりません。
　③ A：明日　どこかに　出かけますか。
　　　B：いいえ、明日も　仕事なので、会社へ　行かなければ　なりません。

2　① A：どうしたんですか。元気が　ないですね。
　　　B：実は、時計を　忘れて　しまったんです。
　　　A：えっ、今日は　試験が　あるのに…。
　　　B：そうなんです。困りました。
　② A：どうしたんですか。元気が　ないですね。
　　　B：実は、指輪を　なくして　しまったんです。
　　　A：えっ、高い　指輪なのに…。
　　　B：そうなんです。困りました。
　③ A：どうしたんですか。元気が　ないですね。
　　　B：実は、財布を　落として　しまったんです。
　　　A：えっ、新しい　財布なのに…。
　　　B：そうなんです。困りました。

7　韓国の　辛い　料理は　食べられますか

본문해석

회화 ❶

이주노 : 다나카 씨는 한국에 간 적이 있습니까?
다나카 : 네. 업무차 몇 번인가 갔습니다.
이주노 : 그럼, 한국어도 말할 수 있습니까?
다나카 : 아니요, 글자는 읽을 수 있지만, 말할 수 없습니다.
이주노 : 그렇습니까? 한국의 매운 요리는 먹을 수 있습니까?
다나카 : 네. 저는 매운 음식을 매우 좋아해서 아무리 매워도 괜찮습니다.

회화 ❷

다나카 : 내일 파티에 무엇을 가지고 가면 됩니까?
이주노 : 제가 전부 준비할 테니까 아무것도 가져 오지 않아도 괜찮습니다.
다나카 : 그럼, 빨리 가서 준비를 도울게요.
이주노 : 그거 도움이 되겠습니다. 그 전에 방을 청소해서 깨끗하게 하지 않으면 안 되겠군요.

구문연습

1　① お酒が　飲めますか。
　② 一人で　着物が　着られますか。
　③ 自転車に　乗れますか。
　④ 車が　運転できますか。

2　① 忙しくても　パーティーに　出席します。
　② 洗っても　きれいに　なりません。
　③ 嫌いでも　食べなければ　なりません。
　④ 考えても　答が　わかりません。

3　① 全部　食べなくても　いいです。
　② 靴を　脱がなくても　いいです。
　③ 今　決めなくても　いいです。
　④ 来る　前に　予約しなくても　いいです。

4　① 部屋を　明るく　します。
　② 問題を　簡単に　します。
　③ 火を　強く　します。
　④ ケーキを　半分に　します。

회화연습

1　① A：Bさん、英語が　話せますか。
　　　B：ええ、話せます。Aさんは？
　　　A：私は　いくら　練習しても、上手に　話せません。
　② A：Bさん、ギターが　ひけますか。
　　　B：ええ、ひけます。Aさんは？
　　　A：私は　いくら　練習しても、上手に　ひけません。
　③ A：Bさん、一人で　着物が　着られますか。
　　　B：ええ、着られます。Aさんは？
　　　A：私は　何回　やっても、上手に　着られません。

2　① A：日曜日も　勉強しなくては　いけませんか。
　　　B：いいえ、勉強しなくても　いいです。
　　　A：じゃ、一緒に　買い物に　行きましょう。
　② A：今日も　早く　帰らなくては　いけませんか。
　　　B：いいえ、早く　帰らなくても　いいです。
　　　A：じゃ、一緒に　買い物に　行きましょう。
　③ A：明日も　サークルへ　行かなくては　いけませんか。
　　　B：いいえ、行かなくても　いいです。
　　　A：じゃ、一緒に　買い物に　行きましょう。

8　窓が　開いて　いますね

본문해석

회화 ❶

다나카 : 밝고 깨끗한 방이군요.
이주노 : 창문으로 산이 보여서 마음에 듭니다.
다나카 : 저곳의 창문이 열려 있네요.
이주노 : 조금 전 청소를 했을 때 열었습니다. 춥습니까?
다나카 : 네. 좀 추운데요….
이주노 : 그럼, 창문을 닫고 난방을 켜겠습니다.

회화 ❷

다나카 : 음료수를 사 올까요?

이주노 : 음료수는 이미 사 두었습니다.
다나카 : 아, 여기에 있네요. 냉장고에 넣어 둘까요?
이주노 : 네, 부탁합니다.
다나카 : 채소도 냉장고에 넣을까요?
이주노 : 아니요, 나중에 쓸 거니까 그대로 놓아두세요.

구문연습

1 ① エアコンが つく ― エアコンを つける
   ② 車が 止まる ― 車を 止める
   ③ 犬が 外に 出る ― 犬を 外に 出す
   ④ ビルが 壊れる ― ビルを 壊す
2 ① 電気が 消えて います。
   ② テレビが ついて います。
   ③ 椅子が 倒れて います。
   ④ テーブルが 汚れて います。
3 ① 電気が つけて あります。
   ② テレビが 消して あります。
   ③ 椅子が 並べて あります。
   ④ 花が 置いて あります。
4 ① コップを 洗って おきます。
   ② 料理を 作って おきます。
   ③ 本に 名前を 書いて おきます。
   ④ 飛行機を 予約して おきます。

회화연습

1 ① A：あ、テレビが ついて いますよ。
    B：ええ、さっき 私が つけたんです。
    A：ああ、そうですか。
  ② A：あ、電気が 消えて いますよ。
    B：ええ、さっき 私が 消したんです。
    A：ああ、そうですか。
  ③ A：あ、お皿が 出て いますよ。
    B：ええ、さっき 私が 出したんです。
    A：ああ、そうですか。
2 ① A：何を 手伝いましょうか。
    B：ええと、コップを 出して くれますか。
    A：コップは もう 出して ありますよ。
    B：じゃ、お皿を 並べて おいて ください。
  ② A：何を 手伝いましょうか。
    B：ええと、地図を 書いて くれますか。
    A：地図は もう 書いて ありますよ。
    B：じゃ、そこに 貼って おいて ください。
  ③ A：何を 手伝いましょうか。
    B：ええと、書類を コピーして くれますか。
    A：書類は もう コピーして ありますよ。
    B：じゃ、テーブルの 上に 置いて おいて ください。

9 少し 遅れて 来るそうです

본문해석

회화 ❶

이주노 : 어서 오세요. 어, 오다 씨는?
기무라 : 일이 있어서 조금 늦게 온다고 합니다.
이주노 : 그렇습니까?
기무라 : 어느 것이나 맛있어 보이네요. 이건 뭐라고 하는 요리입니까?
이주노 : 김치찌개입니다. 맛있을지 어떨지 먹어 봐 주세요.

회화 ❷

기무라 : 좀 맵지만 맛있네요. 어떻게 만드는 건가요?
이주노 : 간단합니다. 김치와 돼지고기, 양파 등을 넣고 끓이는 것뿐입니다.
기무라 : 그렇습니까? 그럼, 저도 할 수 있을 것 같네요.
이주노 : 오다 씨 늦네요.
기무라 : 지금 어디에 있는지 전화해 볼게요.

구문연습

1 ① あの 人は 結婚して いる そうです。
  ② 朴さんは 野菜が 嫌いだ そうです。
  ③ 明日は 授業が ない そうです。
  ④ 金さんに 赤ちゃんが 生まれた そうです。
2 ① 木村さんは 今 暇そうです。
  ② その かばんは 重そうです。
  ③ もうすぐ 雨が やみそうです。
  ④ 金さんが 授業に 遅れそうです。
3 ① 店が 休みか どうか 調べて みましょう。
  ② 李さんが 来るか どうか わかりますか。
  ③ 明日 晴れるか どうか わかりません。
  ④ 会議が 終わったか どうか 聞いて ください。
4 ① 何が 食べたいか、言って ください。
  ② 今日 何時に 会うか、忘れて しまいました。
  ③ 金さんは(が) どんな 人か、知りません。
  ④ 李さんは(が) どこへ 行ったか、わかりますか。

회화연습

1 ① A：その かばん、重そうですね。
    B：そうですか。でも、あまり 重く ないんです。
    A：本当ですか。けっこう 重そうに 見えますけど…。
  ② A：その 電子辞書、便利そうですね。
    B：そうですか。でも、あまり 便利では(じゃ) ないんです。
    A：本当ですか。けっこう 便利そうに 見えますけど…。
  ③ A：その パソコン、よさそうですね。
    B：そうですか。でも、あまり よく ないんです。

A：本当ですか。けっこう よさそうに 見えますけど…。
2　① A：旅行、どこへ 行くか 決めましたか。
　　　B：いいえ、まだです。
　　　A：今 京都で 祭りを やって いる そうですよ。
　　② A：会議、いつに するか 決めましたか。
　　　B：いいえ、まだです。
　　　A：田中さんは 金曜日が いい そうですよ。
　　③ A：プレゼント、何を 買うか 決めましたか。
　　　B：いいえ、まだです。
　　　A：彼女は 花が 好きだ そうですよ。

10　今日は 休みのようです

본문해석

회화 ❶

이주노 : 미안합니다. 중화거리에 가고 싶습니다만, 어디에서 내리면 됩니까?
통행인 : 중화거리에 간다면 모토마치 역에서 내리면 됩니다.
이주노 : 그렇습니까? 내리면 바로 알 수 있습니까?
통행인 : 2번 출구 근처에 안내소가 있으니, 거기에서 물으면 여러 가지를 가르쳐 줄 겁니다.

회화 ❷

이주노 : 이 부근에 맛있는 가게가 있다고 들었습니다만….
기무라 : 이 지도 알기 힘드네요…. 앗, 이 가게 아닌가요?
이주노 : 아, 그렇군요. 하지만 안이 어둡군요. 오늘은 쉬는 날 같습니다.
기무라 : 유감이네요. 다른 장소를 찾아볼까요?
이주노 : 저 가게, 사람이 많이 늘어서 있어요.
기무라 : 인기가 있을 것 같으니 저 가게로 하지요.

구문연습

1　① 田中さんに 聞けば 電話番号が わかります。
　　② セーターを 着れば 寒く ありません。
　　③ 天気が よければ ここから 山が 見えます。
　　④ 今日 できなければ 明日でも いいです。
2　① 木村さんは 出かけて いるようです。
　　② 李さんは 料理が 上手なようです。
　　③ あの 人は お金持ちのようです。
　　④ どこかで 事故が あったようです。
3　① はい、住みやすいです。
　　　いいえ、住みにくいです。
　　② はい、読みやすいです。
　　　いいえ、読みにくいです。
　　③ はい、覚えやすいです。
　　　いいえ、覚えにくいです。
　　④ はい、書きやすいです。
　　　いいえ、書きにくいです。

4　① 電気製品を 買うなら、秋葉原が 安いですよ。
　　② 温泉に 行くなら、箱根が いいですよ。
　　③ 映画を 見るなら、席を 予約した 方が いいですよ。
　　④ 使い方が わからないなら、山田さんに 聞くと いいですよ。

회화연습

1　① A：なかなか 漢字が 覚えられなくて、困っているんです。
　　　B：日本語の 新聞を 読めば、覚えられますよ。
　　② A：なかなか 発音が よく ならなくて、困っているんです。
　　　B：毎日 CDを 聞けば、よく なりますよ。
　　③ A：なかなか やせなくて、困って いるんです。
　　　B：毎日 運動すれば、やせますよ。
2　① A：Cさん 最近 あまり 食べませんね。
　　　B：ええ、どうも ダイエットを して いるようですね。
　　　A：今度 聞いて みましょうか。
　　② A：Cさん あまり 飲みに 行きませんね。
　　　B：ええ、どうも お酒が 嫌いなようですね。
　　　A：今度 聞いて みましょうか。
　　③ A：Cさん 最近 寂しそうですね。
　　　B：ええ、どうも ホームシックのようですね。
　　　A：今度 聞いて みましょうか。

11　一緒に 旅行を する つもりです

본문해석

회화 ❶

이주노 : 이제 곧 연휴군요. 다나카 씨는 뭔가 예정이 있습니까?
다나카 : 네. 가족과 캠프에 갈 예정입니다. 이주노 씨는?
이주노 : 한국에서 친구가 오기 때문에 함께 여행을 할 생각입니다.
다나카 : 그렇습니까? 그거 기대되네요.

회화 ❷

이주노 : 친구가 온천에 가고 싶어 하는 것 같은데, 어딘가 좋은 곳을 가르쳐 주시지 않겠습니까?
다나카 : 온천 말인가요…. 아, 하코네는 어떻습니까?
이주노 : 하코네 말인가요. 좋네요. 한 번 가 보고 싶다고 생각하고 있었습니다.
다나카 : 실은 우리들도 하코네에 가려고 생각하고 있어요. 괜찮다면 차로 같이 가지 않겠습니까?

구문연습

1 ① A：一緒に 食べない？
 B：うん、食べよう。
② A：ちょっと 休まない？
 B：うん、休もう。
③ A：田中さんも 誘わない？
 B：うん、誘おう。
④ A：先生に 聞いて みない？
 B：うん、聞いて みよう。

2 ① 恋人と 別れる つもりです。
② これからも 勉強を 続ける つもりです。
③ もう ここには 来ない つもりです。
④ 結婚しても 仕事を やめない つもりです。

3 ① 週末は ゆっくり 休もうと 思って います。
② 来年 日本に 留学しようと 思って います。
③ 新しい 車を 買おうと 思って います。
④ 今晩 旅行の 計画を 立てようと 思って います。

4 ① 小田さんは 辛い 料理が 好きらしいです。
② 明日から 寒く なるらしいです。
③ 朴さんは お酒が 飲めないらしいです。
④ 昨日 東京で 雪が 降ったらしいです。

회화연습

1 ① A：大学を 卒業したら、どうするんですか。
 B：韓国に 帰ろうと 思って います。Aさんは？
 A：私は 教師に なる つもりです。
② A：大学を 卒業したら、どうするんですか。
 B：韓国で 日本語を 教えようと 思って います。Aさんは？
 A：私は 大学院に 行く つもりです。
③ A：大学を 卒業したら、どうするんですか。
 B：父の 仕事を 手伝おうと 思って います。Aさんは？
 A：私は 結婚する つもりです。

2 ① A：明日 雪が 降るらしいですね。
 B：えっ、本当ですか。
 A：ええ。今朝 ニュースで 言って いました。
② A：今日の 授業は 休講らしいですね。
 B：えっ、本当ですか。
 A：ええ。今朝 小田さんから 聞きました。
③ A：昨日 近くで 火事が あったらしいですね。
 B：えっ、本当ですか。
 A：ええ。今朝 新聞で 見ました。

12 できるだけ 日本語で 話すように して います

본문해석

회화 ❶

사토 : 이주노 씨, 일본에서의 생활에는 완전히 익숙해졌습니까?
이주노 : 네. 일본에 와서 1년이나 지나서 상당히 익숙해졌습니다.
사토 : 이제 혼자서 어디든지 갈 수 있게 되었습니까?
이주노 : 네. 요즘은 자전거라든가 전철로 여기저기 다니고 있습니다.

회화 ❷

사토 : 이주노 씨, 일본어 공부는 열심히 하고 있습니까?
이주노 : 네. 매일 꼭 3시간은 공부하도록 하고 있습니다.
사토 : 친구도 많이 생겼겠네요.
이주노 : 네. 일본인뿐만 아니라 여러 나라의 친구가 생겼습니다.
사토 : 외국인 친구와도 일본어로 말하고 있습니까?
이주노 : 예. 가능한 한 일본어로 말하려고 합니다.

구문연습

1 ① 日本料理が 作れるように なりました。
② 日本語で メールが 書けるように なりました。
③ 家で インターネットが できるように なりました。
④ 日本語の ニュースが わかるように なりました。

2 ① 野菜を たくさん 食べるように して います。
② お酒を あまり 飲まないように して います。
③ 授業の あとで 復習するように して います。
④ できるだけ テレビを 見ないように して います。

3 ① 薬を 飲めば すぐ 治るでしょう。
② 金さんは たぶん 来ないでしょう。
③ きっと また 会えるでしょう。
④ 一人で やるのは 無理でしょう。

4 ① A：いつ 行きましょうか。
 B：私は いつでも いいです。
② A：誰を 呼びましょうか。
 B：私は 誰でも いいです。
③ A：どこへ 行きましょうか。
 B：私は どこでも いいです。
④ A：何時に 会いましょうか。
 B：私は 何時でも いいです。

회화연습

1 ① A：Bさん、日本料理が 作れますか。
 B：いいえ、まだ 作れません。早く 作れるように なりたいです。
② A：Bさん、日本語の ニュースが わかりますか。
 B：いいえ、まだ わかりません。早く わかるように なりたいです。

③ Ａ：Ｂさん、１００メートル　泳げますか。
　　Ｂ：いいえ、まだ　泳げません。早く　泳げるように
　　　　なりたいです。
2 ① Ａ：先生、授業の　とき、日本語で　話した　方が
　　　　いいですか。
　　Ｂ：そうですね。できるだけ　日本語で　話すように
　　　　して　ください。
　② Ａ：先生、パーティーの　とき、早く　来た　方が
　　　　いいですか。
　　Ｂ：そうですね。できるだけ　早く　来るように　して
　　　　ください。
　③ Ａ：先生、発表の　とき、韓国語を　使わない　方が
　　　　いいですか。
　　Ｂ：そうですね。できるだけ　韓国語を　使わない
　　　　ように　して　ください。

13 雨に　降られて、ぬれて　しまったんですよ

본문해석

회화 ❶
이주노 : 어떻게 된 건가요? 힘이 없네요.
기무라 : 어제 언니에게 혼났어요.
이주노 : 어, 어째서요?
기무라 : 언니에게 빌린 우산을 전철에 두고 와 버려서….
이주노 : 찾을 수 없었습니까?
기무라 : 네. 누군가가 갖고 가 버린 것 같아요.

회화 ❷
기무라 : 외출하기 전에 비싼 우산이니까 잃어버리지 말라고 들었는데요.
이주노 : 소중한 우산이었군요.
기무라 : 네. 언니가 같은 것을 사 오라고 했어요.
이주노 : 어, 비싼데 큰일이지 않나요?
기무라 : 게다가 어제는 우산을 잃어버린 후에 비를 맞아서 젖어 버렸어요.
이주노 : 재수가 없는 하루였군요.

구문연습

1 ① 佐藤さんは(が)　部長に　呼ばれました。
　② 李さんは(が)　お父さんに　叱られました。
　③ 先生は(が)　学生に　質問されました。
　④ 田中さんは(が)　部長に　仕事を　頼まれました。
2 ① (私は)　妹に　ケーキを　食べられました。
　② (私は)　誰かに　財布を　とられました。
　③ (私は)　母に　大切な　書類を　捨てられました。
　④ (私は)　誰かに　足を　踏まれました。
3 ① 子供に　泣かれて、困りました。
　② 友だちに　急に　来られて、困りました。
　③ 彼女に　先に　行かれて、困りました。
　④ 授業中　学生たちに　騒がれて、困りました。
4 ① 先生に　早く　来いと　言われました。
　② 先輩に　もっと　頑張れと　言われました。
　③ 部長に　会社を　やめるなと　言われました。
　④ 恋人に　大きな　声で　笑うなと　言われました。

회화연습

1 ① Ａ：Ｂさん、元気が　ないですね。
　　Ｂ：ええ。今朝　弟に　手紙を　捨てられたんです。
　　Ａ：えっ、本当ですか。
　② Ａ：Ｂさん、元気が　ないですね。
　　Ｂ：ええ。今朝　友だちに　本を　なくされたんです。
　　Ａ：えっ、本当ですか。
　③ Ａ：Ｂさん、元気が　ないですね。
　　Ｂ：ええ。今朝　誰かに　カメラを　盗まれたんです。
　　Ａ：えっ、本当ですか。
2 ① Ａ：先生に　何と　言われましたか。
　　Ｂ：運動を　しろと　言われました。Ａさんは？
　　Ａ：アルバイトを　するなと　言われました。
　② Ａ：先生に　何と　言われましたか。
　　Ｂ：朝　早く　起きろと　言われました。Ａさんは？
　　Ａ：授業中　寝るなと　言われました。
　③ Ａ：先生に　何と　言われましたか。
　　Ｂ：明日　９時に　来いと　言われました。Ａさんは？
　　Ａ：明日　休むなと　言われました。

14 家の　手伝いを　させられました

본문해석

회화 ❶
이주노 : 사토 씨의 자제분은 몇 살입니까?
사토　 : 지난달에 막 3살이 되었습니다.
이주노 : 그렇습니까? 사토 씨도 육아에 협력하고 있습니까?
사토　 : 물론입니다.
이주노 : 좋은 아버지군요. 자제분에게는 뭔가 배우게 하고 있습니까?
사토　 : 아니요, 아직 아무것도 시키지 않습니다.

회화 ❷
이주노 : 한국에서는 피아노를 배우는 아이가 많아요. 저도 어머니에게 배웠습니다.
사토　 : 저런, 그럼 이주노 씨는 얌전한 아이였군요.
이주노 : 아뇨, 자주 형과 싸워서 울었어요.
사토　 : 피아노 외에도 뭔가 배웠습니까?
이주노 : 아니요, 하지만 부모님이 바쁘셨기 때문에 집안일을 도와야 했습니다.

구문연습

1. ① (私は) 部下を 早く 帰らせます。
   ② (私は) 子供を 公園で 遊ばせます。
   ③ (私は) 学生を 立たせます。
   ④ (私は) 後輩を 家に 来させます。

2. ① (私は) 後輩に 仕事を 手伝わせます。
   ② (私は) 息子に 犬の 散歩を させます。
   ③ (私は) 娘に 野菜を 食べさせます。
   ④ (私は) 学生に 教科書を 読ませます。

3. ① (私は) 先生に 漢字を 覚えさせられました。
   ② (私は) 友だちに 歌を 歌わされました(歌わせられました)。
   ③ (私は) 先輩に 10キロ 走らされました(走らせられました)。
   ④ (私は) 母に 部屋を 片付けさせられました。

4. ① さっき 昼ご飯を 食べた ばかりです。
   ② 今年 この 会社に 入った ばかりです。
   ③ この かばんは 先週 買った ばかりです。
   ④ 日本語の 勉強は 先月 始めた ばかりです。

회화연습

1. ① A：机の 上を 片付けましょうか。
      B：いいえ、いいですよ。妹に 片付けさせますから。
   ② A：引っ越しを 手伝いましょうか。
      B：いいえ、いいですよ。後輩に手伝わせますから。
   ③ A：荷物を 運びましょうか。
      B：いいえ、いいですよ。息子に 運ばせますから。

2. ① A：練習は どうですか。
      B：毎日 大変です。昨日は 1時間も 走らせられました(走らされました)。
      A：そうですか。厳しいですね。
   ② A：仕事は どうですか。
      B：毎日 大変です。昨日は 夜中まで 働かせられました(働かされました)。
      A：そうですか。厳しいですね。
   ③ A：アルバイトは どうですか。
      B：毎日 大変です。昨日は 一日中 掃除を させられました。
      A：そうですか。厳しいですね。

15 先生は 何に なさいますか

본문해석

회화 ❶

점원 ：어서 오세요. 몇 명이십니까?
이주노：두 명입니다.
점원 ：담배는 피우십니까?
이주노：아니요, 피우지 않습니다.
점원 ：지금 조금 붐비고 있으니, 이쪽에 앉으셔서 기다려 주세요.

회화 ❷

점원 ：이쪽이 메뉴입니다.
이주노：그럼, 저는 이것으로 하겠습니다. 선생님은 무엇으로 하시겠습니까?
선생님：나도 같은 것으로 하겠습니다.
이주노：맥주도 드시겠습니까?
선생님：글쎄요, 그럼 한 병만 부탁할까요?

구문연습

1. ① A：明日 学校に いらっしゃいますか。
      B：いいえ、来ません。
   ② A：お名前は 何と おっしゃいますか。
      B：木村と 言います。
   ③ A：この 映画を ご覧に なりましたか。
      B：はい、見ました。
   ④ A：田中さんを ご存じですか。
      B：いいえ、知りません。

2. ① この パソコンを 使われますか。
   ② 明日の 会議に 出席されますか。
   ③ 今朝 何時ごろ うちを 出られましたか。
   ④ この 料理は どなたが 作られましたか。

3. ① A：何時ごろ うちへ お帰りに なりますか。
      B：7時に 帰ります。
   ② A：どんな 音楽を お聞きに なりますか。
      B：クラシックを 聞きます。
   ③ A：明日 どこかへ お出かけに なりますか。
      B：いいえ、出かけません。
   ④ A：ゆっくり お休みに なりましたか。
      B：はい、休みました。

4. ① お名前を お書き ください。
   ② この ペンを お使い ください。
   ③ 部屋に お入り ください。
   ④ こちらで お休み ください。

회화연습

1. ① A：先生、夏休みは どこかに いらっしゃいましたか。
      B：ええ。ソウルに 行って きました。

　　　　A：買い物も　なさいましたか。
　　　　B：はい、しました。
　　② A：先生、夏休みは　どこかに　いらっしゃいましたか。
　　　　B：ええ。ソウルに　行って　きました。
　　　　A：焼肉も　召し上がりましたか。
　　　　B：はい、食べました。
　　③ A：先生、夏休みは　どこかに　いらっしゃいましたか。
　　　　B：ええ。ソウルに　行って　きました。
　　　　A：民俗村も　ご覧に　なりましたか。
　　　　B：はい、見ました。

2　① A：すみません。この　新聞、読んでも　いいですか。
　　　　B：はい、どうぞ　お読み　ください。
　　② A：すみません。この　コーヒー、飲んでも　いいですか。
　　　　B：はい、どうぞ　お飲み　ください。
　　③ A：すみません。この　椅子、座っても　いいですか。
　　　　B：はい、どうぞ　お座り　ください。

　　　④ 先生に　チケットを　お渡し　します。
3　① 田中さんを　大学まで　ご案内　します。
　　② お客さまに　使い方を　ご説明　します。
　　③ 先生を　パーティーに　ご招待　します。
　　④ 明日の　朝　社長に　ご連絡　します。
4　① ここに　地図を　書いて　いただけませんか。
　　② 準備を　手伝って　いただけませんか。
　　③ パソコンの　使い方を　教えて　いただけませんか。
　　④ もう　少し　ゆっくり　話して　いただけませんか。

회화연습

1　① A：失礼ですが、どちらに　住んで　いらっしゃいますか。
　　　　B：横浜に　住んで　おります。
　　② A：失礼ですが、いつ　結婚なさいますか。
　　　　B：4月に　結婚いたします。
　　③ A：失礼ですが、佐藤さんを　ご存じですか。
　　　　B：はい、存じて　おります。
2　① A：どなたか　この　荷物を　持って　いただけませんか。
　　　　B：はい、私が　お持ち　します。
　　　　A：すみません。お願い　します。
　　② A：どなたか　駅まで　車で　送って　いただけませんか。
　　　　B：はい、私が　お送り　します。
　　　　A：すみません。お願い　します。
　　③ A：どなたか　日本語で　説明して　いただけませんか。
　　　　B：はい、私が　ご説明　します。
　　　　A：すみません。お願い　します。

16　また　お電話　いたします

본문해석

회화 ❶
이주노　：여보세요, 세계 대학에 다니는 이(주노)라고 합니다만, 야마구치 선생님 계십니까?
야마구치：아직 돌아오지 않았습니다만….
이주노　：그렇습니까? 몇 시쯤 돌아오십니까?
야마구치：금방 돌아오리라 생각하므로, 9시쯤 다시 한 번 전화해 주시지 않겠습니까?
이주노　：네. 그럼 다시 전화하겠습니다.

회화 ❷
이주노　：저, 선생님. 잠시 의논하고 싶은 것이 있습니다만….
선생님　：아, 논문에 대한 것입니까?
이주노　：네. 내일 연구실에 방문해도 괜찮겠습니까? 요전에 빌린 책도 돌려드리고 싶고….
선생님　：괜찮아요. 그럼, 2시쯤 와 주시겠습니까?
이주노　：네. 잘 부탁드립니다.

구문연습

1　① 韓国から　参りました。
　　② 両親は　韓国に　おります。
　　③ 先生の　論文を　拝見しました。
　　④ 中村先生に　お目に　かかりました。
2　① 課長に　写真を　お見せ　します。
　　② 部長を　車で　お送り　します。
　　③ 先生の　本を　お借り　します。

단어 색인

본서의 새로 나온 단어를 오십음도순으로 정리하였습니다. 학습에 참고하기 바랍니다.

あ

あかちゃん(赤ちゃん)	아기	09과
あがる(上がる)	오르다	08과
あける(開ける)	열다	08과
あげる(上げる)	올리다	08과
あげる	(내가 남에게) 주다	05과
あし(足)	발	13과
あちこち	여기저기	12과
あっ	앗	10과
あつまる(集まる)	모이다	08과
あつめる(集める)	모으다	03과
あとで(後で)	나중에	08과
あなた	당신	05과
あやまる	사과하다	06과
あれ	어?	09과
あんないじょ(案内所)	안내소	10과
あんないする(案内する)	안내하다	05과

い

いえいえ	아뇨	14과
いくじ(育児)	육아	14과
いくら～て(で)も	아무리 ～(하)더라도, 아무리 ～(라)해도	07과
いける(行ける)	갈 수 있다	07과
いそぐ(急ぐ)	서두르다	06과
いたす	'하다'의 겸양어	16과
いただく	받다(もらう의 겸양어)	05과
いちご	딸기	01과
いちにちじゅう(一日中)	하루 종일	14과
いつか	언젠가	04과
いっしょうけんめい(一生懸命)	열심히	10과
いやだ(嫌だ)	싫다	02과
いらっしゃい	잘 오셨습니다 (いらっしゃいました의 준말)	09과
いらっしゃいませ	어서 오십시오	15과
いらっしゃる	가시다, 오시다, 계시다	15과
いれる(入れる)	넣다	08과

う

ううん	아니	01과
うかがう(伺う)	여쭙다 ('듣다, 묻다, 방문하다'의 겸양어)	16과
うそ	거짓말	06과
うそをつく	거짓말을 하다	06과
うっかり	무심코, 깜빡	06과
うどん	우동	11과
うまれる(生まれる)	태어나다	09과
うれしい	기쁘다	10과
うん	응	01과

え

え(絵)	그림	03과
エアコン	에어컨	08과
えいよう(栄養)	영양	03과
えきまえ(駅前)	역 앞	09과
えっ	어(놀람)	05과

お

おいでになる	가시다, 오시다	15과
おおきな(大きな)	큰	13과
おおさかじょう(大阪城)	오사카성	05과
お金持ち(おかねもち)	부자	10과
お客さま(おきゃくさま)	손님	16과
お客さん(おきゃくさん)	손님	06과
おく(置く)	두다, 놓다	08과
お～ください	～해 주세요	15과
おくる(送る)	데려다 주다, 배웅하다	05과
おくれる(遅れる)	늦어지다	04과
お子さん(おこさん)	자제분	14과
おこす(起こす)	일으키다	08과
おこる(怒る)	화내다	13과
お皿(おさら)	접시	08과
おじゃまする	찾아뵙다	16과

おそく(遅く)	늦게	12과
おちる(落ちる)	떨어지다	08과
おっしゃる	말씀하시다	15과
おと(音)	소리	07과
おとす(落とす)	잃어버리다, 떨어뜨리다	06과
おとなしい	얌전하다	14과
お腹(おなか)	배, 위장	04과
おなかがすく	배가 고프다	01과
おなじだ(同じだ)	같다	13과
お〜になる	〜하시다	15과
お昼(おひる)	점심	11과
お風呂に入る(おふろにはいる)	목욕하다	04과
おみえになる(お見えになる)	오시다	15과
おめにかかる(お目にかかる)	만나뵙다	16과
おやすみになる(お休みになる)	주무시다	15과
おりる(降りる)	내리다	10과
おる	'있다'의 겸양어	16과
おんせん(温泉)	온천	10과

か

〜か(どこにいるか)	〜는지	09과
カーテン	커튼	10과
がいこく(外国)	외국	03과
がいこくじん(外国人)	외국인	12과
かおいろ(顔色)	얼굴색, 안색	04과
かぎ(鍵)	열쇠	06과
かぎをかける(鍵をかける)	열쇠를 잠그다	06과
かく(描く)	그리다	03과
かける	잠그다, 채우다	06과
かける	걸다	08과
かける	걸터앉다	15과
かざる(飾る)	장식하다	08과
かじ(火事)	불, 화재	11과
かす(貸す)	빌려 주다	05과
かぜ(風)	바람	06과
かぜ(風邪)	감기	01과
かぜをひく(風邪をひく)	감기에 걸리다	01과
かたづける(片付ける)	치우다, 정리하다	08과
かちょう(課長)	과장	13과
〜かどうか	〜일지 어떨지	09과
かならず(必ず)	꼭, 반드시	12과
かべ(壁)	벽	07과
〜かもしれない	〜일지도 모른다	04과
からだ(体)	몸	03과
カレーライス	카레라이스	10과
かんがえる(考える)	생각하다	07과
がんばる(頑張る)	분발하다	11과

き

キーホルダー	열쇠고리	05과
きえる(消える)	꺼지다	08과
きかい(機械)	기계	09과
きけんだ(危険だ)	위험하다	13과
きこえる(聞こえる)	들리다	08과
ギター	기타	07과
ギターをひく	기타를 치다	07과
きって(切手)	우표	03과
きっと	꼭, 반드시	01과
きっぷ(切符)	표	02과
きにいる(気に入る)	마음에 들다	08과
きびしい(厳しい)	심하다, 엄하다	14과
きぶんがわるい(気分が悪い)	몸 상태가 좋지 않다	04과
きまる(決まる)	정해지다	08과
キムチチゲ	김치찌개	09과
きめる(決める)	결정하다	08과
きもの(着物)	기모노, 옷	07과
キャンパス	캠퍼스	03과
キャンプ	캠프	11과
きゅうこう(休講)	휴강	11과
きゅうに(急に)	갑자기	13과
きゅうよう(急用)	급한 용무	04과
きょうし(教師)	교사	09과
きょうりょくする(協力する)	협력하다	14과
きれいに	깨끗이	06과
きれる(切れる)	끊어지다	08과
キロ	킬로미터(거리)	14과

く

ぐあい(具合)	형편, 사정	01과
くすりをのむ(薬を飲む)	약을 먹다	02과
～くする	～게 하다, ～로 만들다	07과
くださる	주시다(くれる의 존경어)	05과
クッキー	쿠키	10과
～くなる	～해지다, ～게 되다	02과
くもる	흐리다	09과
クラシック	클래식	15과
クリスマス	크리스마스	01과
くれる	(남이 나에게) 주다	05과

け

けいかく(計画)	계획	06과
けいかくをたてる(計画を立てる)	계획을 세우다	06과
けいたい(携帯)	휴대 전화	13과
けがをする	상처를 입다, 다치다	01과
けさ(今朝)	오늘 아침	11과
けしき(景色)	경치	01과
けす(消す)	끄다	08과
～けど	～지만(けれども의 준말)	07과
けんか	싸움	14과
げんかん(玄関)	현관	08과
けんきゅうしつ(研究室)	연구실	15과
けんぶつ(見物)	구경	05과

こ

こい(来い)	와라(명령형)	13과
こいびと(恋人)	연인	10과
こうつう(交通)	교통	01과
こうはい(後輩)	후배	14과
こえる(越える)	넘다	08과
コーチ	코치	14과
ごぞんじだ(ご存じだ)	아시다	15과
こたえ(答)	답	07과
こたえる(答える)	대답하다	06과
～こと	～것	03과
～ことができる	～할 수 있다	03과
ことし(今年)	올해	02과
ことば(言葉)	단어, 말	02과
このごろ	요즈음, 최근	12과
この前(このまえ)	요전	16과
コピーする	복사하다	08과
こまる(困る)	곤란하다	01과
こむ(混む)	붐비다	06과
ごらんになる(ご覧になる)	보시다	15과
これから	이제부터, 앞으로	02과
こわす(壊す)	부수다, 고장 내다	13과
こわれる(壊れる)	부서지다	08과
こんな	이런	02과
こんばん(今晩)	오늘 밤	06과

さ

さいきん(最近)	최근, 요즘	02과
さいしんきょく(最新曲)	최신곡	08과
さがす	찾다	10과
さかな(魚)	생선, 물고기	10과
さがる(下がる)	내리다, 내려가다	08과
さきに(先に)	먼저	13과
さげる(下げる)	낮추다, 떨어뜨리다	08과
さしあげる	드리다(あげる의 겸양어)	05과
～(さ)せる	～(하)게 하다, ～시키다	14과
さそう(誘う)	권유하다, 꾀다	11과
さっき	아까, 조금 전	01과
さびしい(寂しい)	쓸쓸하다	02과
さむけ(寒気)	한기, 오한	04과
さむけがする(寒気がする)	한기가 들다	04과
サラダ	샐러드	15과
～される／～(さ)せられる	～를 당하다/어쩔수 없이 ～하다	14과
さわぐ(騒ぐ)	떠들다, 소란 피우다	13과
ざんねんだ(残念だ)	유감이다	10과

し

～し	～(하)고, ～(하)니	03과
シーディー(ＣＤ)	CD	05과
しかたがない	어쩔 수 없다, 도리가 없다	06과
しかる(叱る)	야단치다	13과

じかん(時間)	시간	01과
しけん(試験)	시험	06과
じこ(事故)	사고	01과
じつは(実は)	사실은	06과
しない(市内)	시내	16과
じぶん(自分)	자기, 자신	06과
しまう	안에 넣다, 간수하다	08과
しまる(閉まる)	닫히다	08과
しめる(閉める)	닫다	08과
しゃちょう(社長)	사장	14과
しゅうしょくする(就職する)	취직하다	11과
しゅうまつ(週末)	주말	05과
しゅみ(趣味)	취미	03과
じゅんび(準備)	준비	07과
しょうせつ(小説)	소설	04과
しょくよく(食欲)	식욕	04과
しょるい(書類)	서류	08과
しんかんせん(新幹線)	신칸센	08과
しんごう(信号)	신호	02과

す

すいえい(水泳)	수영	03과
ずいぶん	꽤, 상당히	02과
スキー	스키	03과
スケジュール	일정	16과
すっかり	완전히	12과
すてる(捨てる)	버리다	13과
スポーツセンター	스포츠 센터	03과

せ

せいかつ(生活)	생활	12과
せつめい(説明)	설명	16과
せんしゅ(選手)	선수	14과
せんぱい(先輩)	선배	13과

そ

そうだ	그렇다	01과
~そうだ(遅れて来るそうです) ~라고 하다		09과
~そうだ(おいしそうです)	~일 것 같다	09과
そうだん(相談)	상담, 의논	16과
そつぎょうする(卒業する)	졸업하다	08과
そのまま	그대로	08과
そら(空)	하늘	09과
それに	게다가	13과
そんな	그런	03과

た

ダイエット	다이어트	10과
だいがくいん(大学院)	대학원	11과
だいじだ(大事だ)	소중하다	13과
だいぶ(大分)	상당히, 꽤	12과
たいりょく(体力)	체력	06과
たおす(倒す)	쓰러뜨리다	08과
たおれる(倒れる)	쓰러지다	08과
~だけじゃなくて	~뿐만 아니라	12과
だす(出す)	내다, 제출하다	06과
たすかる(助かる)	도움이 된다	07과
たずねる(訪ねる)	방문하다	16과
たたく	치다, 두드리다	13과
たつ(経つ)	지나다, 경과하다	12과
たつ(立つ)	서다	14과
たてる(立てる)	세우다	06과
たのむ(頼む)	부탁하다	13과
~たばかりだ	막 ~했다, ~(한)지 얼마 되지 않았다	14과
たぶん	아마도	01과
たべられる(食べられる)	먹을 수 있다	07과
~た方がいい(~たほうがいい)	~(하)는 편이 좋다	04과
たまねぎ(玉ねぎ)	양파	09과
~たら	~(하)면	03과
だんだん	점점	02과
だんぼう(暖房)	난방	08과

ち

チケット	티켓, 표	16과
ちこくする(遅刻する)	지각하다	13과
ちず(地図)	지도	08과

일본어	한국어	과
ちゅうかがい(中華街)	중화거리	10과
ちょうし(調子)	상태, 형편	04과

つ

ついていない	운이 없다, 재수 없다	13과
つかいかた(使い方)	사용법	16과
つかれる(疲れる)	지치다, 피곤해지다	01과
つく	(전기 등이) 켜지다	08과
つく(付く)	붙다	08과
つける(付ける)	붙이다	08과
つける	(전기 등을) 켜다	08과
つづく(続く)	계속되다	08과
つづける(続ける)	계속하다	08과
つもり	생각, 작정	11과
つよく(強く)	강하게	06과
つれていく(連れて行く)	데리고 가다	05과

て

일본어	한국어	과
～で	～해서, ～때문에(원인·이유)	01과
～てある	～해 두다, ～어 있다	08과
ディーブイディー(ＤＶＤ)	DVD	03과
ていしょく(定食)	정식	11과
～ていただけませんか	～해 주시지 않겠습니까?	16과
～ておく	～해 두다	08과
てがみ(手紙)	편지	05과
できる	할 수 있다	03과
できる	생기다	04과
できるだけ	가능한 한	12과
～てくださいませんか	～해 주시지 않겠습니까?	11과
でぐち(出口)	출구	10과
～てくる	～고 오다	05과
～てくれる	(남이 나에게) ～해 주다	05과
～てしまう	～해 버리다	06과
～でしょう	～겠지요?	12과
てつだい(手伝い)	도와줌	14과
テニスコート	테니스 코트	03과
てぶくろ(手袋)	장갑	05과
～てみる	～해 보다	04과
～でも	～(이)라도	03과
～てもらう	～해 받다	05과
てんいん(店員)	점원	15과
でんき(電気)	전기	08과
でんきせいひん(電気製品)	전기제품	10과
てんきよほう(天気予報)	일기예보	09과
でんしじしょ(電子辞書)	전자사전	02과
でんわをかける(電話をかける)	전화를 걸다	04과

と

일본어	한국어	과
～と	～(하)면, ～(하)자	02과
ドア	문	08과
～と言う(～という)	～라고 하다	01과
～という	～(이)라고 하는	09과
どうして	어째서, 왜	04과
どうとんぼり(道頓堀)	도톤보리(지명)	05과
どうも	아무래도	10과
どうやって	어떻게	02과
～と思う(～とおもう)	～라고 생각하다	01과
とおる(通る)	통과하다	08과
～とか	～라든가, ～라든지	12과
～とき	～때	02과
どきどきする	두근두근하다	02과
どくしん(独身)	독신	11과
とどける(届ける)	보내다, 전하다	16과
どなた	어느 분	15과
とぶ(飛ぶ)	날다	08과
とまる(止まる)	서다	08과
とめる(止める)	세우다	08과
とめる(泊める)	숙박시키다, 묵게 하다	05과
とる	훔치다	13과
どろぼう(泥棒)	도둑	13과

な

일본어	한국어	과
～な	～마라	13과
ない	없다	03과
～ないで	～(하)지 않고, ～(하)지 말고	06과
～ない方がいい(～ないほうがいい)	～(하)지 않는 편이 좋다	04과
～ないようにしている	～(하)지 않도록 하고 있다	12과
なおす(直す)	고치다	08과

な

なおる(直る)	고쳐지다	08과
なおる(治る)	치료되다, 낫다	12과
ながす(流す)	흘리다	08과
なかなか	좀처럼	10과
ながれる(流れる)	흐르다	08과
なく(泣く)	울다	13과
なくす	잃다	06과
～なくてはいけない	～(하)지 않으면 안 된다, ～해야 한다	06과
～なくてもいい	～(하)지 않아도 좋다	07과
～なければならない	～(하)지 않으면 안 된다, ～해야 한다	06과
なさる	하시다	15과
なっとう(納豆)	낫토	12과
～なら	～(이)라면	10과
ならう(習う)	배우다	14과
ならぶ(並ぶ)	늘어서다	08과
ならべる(並べる)	늘어놓다	08과
なる	되다	08과
なれる(慣れる)	익숙해지다	12과
なんかいか(何回か)	몇 번인가	07과
なんと(何と)	뭐라고	01과
なんめいさま(何名様)	몇 분	15과

に

にがい(苦い)	(약이) 쓰다	07과
～にくい	～하기 어렵다	10과
～にする	～로/게 하다, ～로/게 만들다	07과
～にする	～(하)기로 하다	10과
～になる	～해지다, ～게 되다	02과
にゅういんする(入院する)	입원하다	01과
ニュース	뉴스	01과
～によると	～에 의하면	09과
にる(煮る)	삶다, 조리다, 끓이다	09과
にんき(人気)	인기	03과
にんぎょう(人形)	인형	05과
にんずう(人数)	인원수	01과

ぬ

ぬすむ(盗む)	훔치다	13과
ぬれる	젖다	13과
ねつ(熱)	열	04과
ねむい(眠い)	졸리다	02과
ねむる(眠る)	자다	13과
～ので	～때문에, ～이므로(원인·이유)	06과
のど(喉)	목(구멍)	04과
～のに	～(인)데도, ～임에도 불구하고	06과

は

～ば	～(하)면	10과
ハイキング	소풍	07과
はいけんする(拝見する)	보다(見る의 겸양어)	16과
はこね(箱根)	하코네(지명)	10과
はこぶ(運ぶ)	운반하다	14과
はし(橋)	다리	02과
はじまる(始まる)	시작되다	08과
ばしょ(場所)	장소	10과
はつおん(発音)	발음	10과
はっぴょう(発表)	발표	12과
はなせる(話せる)	말할 수 있다	07과
はなれる(離れる)	떠나다	08과
はやく(早く)	빨리	06과
はる(貼る)	붙이다	08과
はれる(晴れる)	맑다, (하늘이) 개다	09과
はんにん(犯人)	범인	01과
はんぶん(半分)	반	07과
～ばんめ(～番目)	～번째	10과

ひ

ひ(火)	불	07과
ビール	맥주	15과
びっくりする	깜짝 놀라다	01과
ひとりで(一人で)	혼자서	04과
びょうき(病気)	병	01과
ビル	빌딩	08과

ふ

ぶか(部下)	부하	14과
ふく(吹く)	불다	06과
ふくしゅうする(復習する)	복습하다	12과
ぶたにく(豚肉)	돼지고기	09과
ぶちょう(部長)	부장	13과
ふとる(太る)	살찌다	02과
ふむ(踏む)	밟다	13과
ふゆ(冬)	겨울	03과
プレゼント	선물	05과

へ

へえ	저런, 허(감동, 놀람)	14과
へん	부근	02과
ペン	펜	10과
へんじ(返事)	대답, 답장	06과

ほ

ホームシック	향수병	10과
ほか	다른 것	10과
ほめる	칭찬하다	13과
ほんとうに(本当に)	정말로	05과

ま

まいる(参る)	가다, 오다, 묻다, 듣다, 방문하다의 겸양어	16과
まがる(曲がる)	구부러지다	02과
また	또, 다시	12과
まだまだ	아직도(まだ를 강조한 말)	02과
まち(町)	동네, 마을	02과
まちがえる(間違える)	틀리다	06과
～まつ(～末)	～말	11과
まっすぐ	똑바로	02과
まつり(祭り)	축제	09과
～までに	～까지(기한 한정)	06과
まにあう(間に合う)	제 시간에 대다, 충분하다	06과

み

みえる(見える)	보이다	08과
みえる(見える)	오시다	15과
みせる(見せる)	보이다	02과
みつかる(見つかる)	찾게되다, 발견되다	13과
みんぞくむら(民俗村)	민속촌	15과

む

むすこさん(息子さん)	(남의) 아들, 아드님	05과
むすめ(娘)	딸	05과
むりだ(無理だ)	무리다	04과

め

メートル	미터(거리)	12과
めしあがる(召し上がる)	드시다	15과
メニュー	메뉴	15과

も

～も	～이나	12과
もうしあげる(申し上げる)	말씀드리다	16과
もうす(申す)	'말하다'의 겸양어	16과
もえる(燃える)	타다	08과
もし	만약	03과
もじ(文字)	글자, 문자	01과
もちろん	물론	14과
もっていかれる(持っていかれる)	가지고 가 버리다(가져감을 당하다)	13과
もっと	좀 더	13과
もとまちえき(元町駅)	모토마치역	10과
もどる(戻る)	돌아오다	16과
もやす(燃やす)	태우다	08과
もらう	받다	05과
もんだい(問題)	문제	07과

や

やきにく(焼肉)	불고기	15과
やく(焼く)	태우다	08과
やくそく(約束)	약속	12과
やける(焼ける)	타다	08과
やせる	살이 빠지다, 야위다	10과
やむ	그치다	09과
やめる	그만두다	06과
やる	하다	03과

ゆ

ゆき(雪)	눈	01과
ゆっくり	푹, 천천히	04과
ゆめ(夢)	꿈	03과
ゆるす(許す)	용서하다	06과

よ

よういする(用意する)	준비하다	07과
～ようだ	～인 것 같다	10과
～(よ)うとおもっている(～(よ)うと思っている)	～(하)려고 하다	11과
～ようにする	～(하)도록 하다	12과
～ようになる	～(하)게 되다	12과
よかったら	괜찮다면	05과
よく	자주, 잘	02과
よごす(汚す)	더럽히다	08과
よごれる(汚れる)	더러워지다	08과
よなか(夜中)	한밤중	14과
よみかた(読み方)	읽는 방법	04과
よめる(読める)	읽을 수 있다	07과
よやく(予約)	예약	07과
よろしい	괜찮다, 좋다 (よい보다 정중한 말투)	16과
よろしく伝える(よろしくつたえる)	안부를 전하다	03과

ら

～らしい	～인 것 같다, ～(이)라고 하다	11과
～(ら)れる	～당하다	13과
～(ら)れる	～하시다	15과

り

りゅうがくする(留学する)	유학하다	03과

る

るす(留守)	부재중	01과

れ

れんきゅう(連休)	연휴	11과
れんらくする(連絡する)	연락하다	16과

ろ

ろんぶん(論文)	논문	16과

わ

わかる	알다	01과
わかれる(別れる)	헤어지다	11과
わたす(渡す)	건네주다	05과
わたる(渡る)	건너다	02과
わらう(笑う)	웃다	13과
わる(割る)	깨다	08과
われる(割れる)	깨지다	08과

ん

～んです	～입니다, ～합니다(설명)	04과

New 다이나믹 일본어 2

지은이 오현정, 하스이케 이즈미, 박행자, 아이자와 유카, 박준효,
이나가와 유우키
펴낸이 정규도
펴낸곳 (주)다락원

초판 1쇄 발행 2006년 1월 13일
개정1판 1쇄 발행 2012년 1월 5일
개정1판 16쇄 발행 2026년 1월 22일

책임편집 송화록, 김은경, 김자임
디자인 구수정, 오연주
일러스트 조영남

다락원 경기도 파주시 문발로 211
내용문의: (02)736-2031 내선 460~465
구입문의: (02)736-2031 내선 250~252
Fax: (02)732-2037
출판등록 1977년 9월 16일 제406-2008-000007호

Copyright ⓒ 2012, 오현정, 하스이케 이즈미, 박행자, 아이자와 유카,
박준효, 이나가와 유우키

저자 및 출판사의 허락 없이 이 책의 일부 또는 전부를 무단
복제·전재·발췌할 수 없습니다. 구입 후 철회는 회사 내규
에 부합하는 경우에 가능하므로 구입문의처에 문의하시기 바
랍니다. 분실·파손 등에 따른 소비자 피해에 대해서는 공정
거래위원회에서 고시한 소비자 분쟁 해결 기준에 따라 보상
가능합니다. 잘못된 책은 바꿔 드립니다.

ISBN 978-89-277-1042-4 18730
978-89-277-1039-4 (세트)

http://www.darakwon.co.kr

- 다락원 홈페이지를 방문하시면 상세한 출판 정보와 함께 동영상강좌,
  MP3 자료 등 다양한 어학 정보를 얻으실 수 있습니다.
- 다락원 홈페이지 학습자료실에서 **MP3 파일(무료)**을 다운로드 받으
  실 수 있습니다.